政府非税收入研究

2022年

第二辑·总第二辑

云南大学政府非税收入研究院◎主办
梁双陆◎主编

中国社会科学出版社

图书在版编目(CIP)数据

政府非税收入研究.2022年.第二辑：总第二辑/云南大学政府非税收入研究院主办；梁双陆主编.—北京：中国社会科学出版社，2022.7
ISBN 978 - 7 - 5227 - 0158 - 5

Ⅰ.①政… Ⅱ.①云… ②梁… Ⅲ.①国家行政机关—非税收收入—财政管理—研究—中国 Ⅳ.①F812.43

中国版本图书馆 CIP 数据核字(2022)第 073025 号

出 版 人	赵剑英	
责任编辑	马 明	
责任校对	蒋佳佳	
责任印制	王 超	

出 版	中国社会科学出版社	
社 址	北京鼓楼西大街甲 158 号	
邮 编	100720	
网 址	http://www.csspw.cn	
发 行 部	010 - 84083685	
门 市 部	010 - 84029450	
经 销	新华书店及其他书店	

印 刷	北京君升印刷有限公司	
装 订	廊坊市广阳区广增装订厂	
版 次	2022 年 7 月第 1 版	
印 次	2022 年 7 月第 1 次印刷	

开 本	787×1092 1/16	
印 张	13.25	
字 数	180 千字	
定 价	69.00 元	

出版说明

习近平总书记指出："财政是国家治理的基础和重要支柱，科学的财税体制是优化资源配置、维护市场统一、促进社会公平、实现国家长治久安的制度保障。"[①] 非税收入与税收收入一样，都是财政收入的重要组成部分。按照市场经济的基本原则和构建公共财政体制的要求，政府主要以税收手段筹集履行公共管理和服务职能所需要的资金，非税收入则是政府提供准公共产品的资金来源，是政府收入的有益补充。当前，世界上几乎所有的国家都有政府非税收入，而且，这部分收入都是本国进行宏观调控的一个重要手段，在优化资源配置、提高公共物品或服务供给效率方面发挥着不可替代的作用。

政府非税收入改革是中国特色社会主义市场经济体制建设、国家治理体系和治理能力现代化的一项重要改革内容，一直在持续推进，从改革开放之初"放权让利"，各地区各部门积极通过非税收入补充政府财力，到集中治理"三乱"问题，再到规范预算管理实行"收支两条线"改革，尤其是 2013 年以来，党中央、国务院部署持续开展清理规范涉企收费工作，综合采取了一系列取消、降标、减免措施，切实精简、规范了收费项目，减轻了企业负担，激发了市场主体活力。非税收入管理

---

① 《习近平谈治国理政》第 1 卷，外文出版社 2018 年，第 80 页。

正迈向制度化、规范化、法治化轨道。

政府非税收入研究正处于一个大有可为的时代。为推动理论与实践相结合，深入探索政府非税收入理论，构建政府非税收入理论体系，为非税收入管理提供更多更具科学性、前瞻性、可操作性的成果，更好地服务于国家财税体制改革，我们编辑出版《政府非税收入研究》，旨在搭建汇聚管理部门和学术界共同探讨的平台，吸引更多专家学者和实际业务工作者关注政治经济学视野下的政府非税收入理论与实践、税收与非税收入的关系、政府治理能力与非税收入关系、财政收入质量、财税体制改革与非税收入征管、政府非税收入管理法治化、政府非税收入与公共治理、国有资源（资产）有偿使用收入等领域。通过刊载优秀学术成果，推进政府非税收入研究的思想创新和学术争鸣；通过多元化的研究方法运用，提高学术研究水平；通过深入持续研究和探索，服务于国家和地方治理体系与治理能力现代化，更好发挥非税收入保障财政收支运行、优化资源配置、维护财经秩序等方面的作用。最终形成中国理论解释中国实践，中国理论指导中国实践的繁荣局面。

梁双陆

2022 年 1 月 1 日

目　　录

云南省非税收入与经济
高质量发展关系研究

李　贤　陈讷敏　邵　凯
李心仪　刁　中　车欣原[*]

摘要：我国经济的高质量发展重视以政府非税收入为主要内容的积极财政政策的引导作用。本文首先通过研究得出经济高质量发展有助于提高中国政府非税收入规模，且非税收入规模与经济高质量发展无直接因果关系的结论。其次，具体探究了财政预算内的非税收入结构对经济高质量发展的作用机制和影响程度，并将云南省经济发展分为不同阶段来探究非税收入的经济增长效应的变化过程：当非税收入充当积极因素，可以弥补税收收入不足等问题；经济发展后期若政府过度地对企业进行非税征收，则会加重企业负担、阻碍经济高质量发展。再次，重点依托云南省特有的资源优势、地理位置等，可以加强面向东南亚跨境发展的区位优势以及旅游业生态体系建设的资源优势对经济高质量发展的促进作用。最后，为实现经济发展向高质量转型，基于非税收入背景提出了云南省特色经济更好更快发展的合理有效建议。

---

　* 作者简介：李贤，云南大学经济学院副教授；陈讷敏，云南大学经济学院硕士研究生；邵凯，云南大学经济学院硕士研究生；李心仪，云南大学经济学院硕士研究生；刁中，云南大学经济学院硕士研究生；车欣原，云南大学经济学院硕士研究生。

关键词： 高质量发展　非税结构　特色产业体系　网状监管机制
企业产业价值

一　绪论

（一）研究背景及意义

党的十九大报告指出，我国经济已经由高速增长阶段转向了高质量的发展阶段。2018 年中央经济工作会议又强调"推动高质量发展是当前和今后一个时期确定发展思路、制定经济政策、实施宏观调控的根本要求"，并把 2018 年作为质量发展"元年"。政府非税收入是政府财政收入的重要组成部分，特别是在地方政府财政收入中具有举足轻重的作用。科学管理政府非税收入是市场经济条件下理顺政府分配关系、健全公共财政职能的客观要求。

云南省地处西南山区，由于地理位置及交通等因素的限制，云南当地企业的创新能力和产出效益与沿海地区具有一定的差距。但是云南省拥有独特的山水地貌、多样的生物种群、多姿多彩的民族文化等宝贵的旅游资源，对第三产业的发展具有得天独厚的优势。同时，云南与东南亚三国相邻。东南亚作为"一带一路"倡议的重点区域，云南的地理位置决定了其是通过"一带一路"平台向东南亚投资发展的"桥头堡"。近年来东南亚发展十分迅速，中国与东盟的发展合作目前也尚处蜜月期，云南省促进经济由快速发展向高质量发展转型，必须抓住面向东南亚跨境发展的区位优势以及旅游业生态体系建设的资源优势。

党的十八大召开以来，云南省坚决打赢脱贫攻坚战，实施精准扶贫，全省农村贫困人口大幅减少，贫困发生率持续下降。国家统计局云南调查总队发布的数据显示："党的十八大以来，云南农村贫困人口规模从 2012 年 804 万人减少到 2018 年 179 万人，累计减贫 625 万人，年均减贫 104 万人；农村贫困发生率从 2012 年的 21.7%，持续下降到

2018 年的 4.8%，累计下降 16.9 个百分点，年均下降 2.8 个百分点。2018 年全省贫困地区农村居民人均可支配收入 9595 元，是 2012 年的 2 倍，年均增长 12.4%。全省贫困地区农村居民收入增加的同时，生活消费质量也得到明显提升。2018 年云南贫困地区农村居民人均消费支出比 2012 年增加 3915 元，年均增长 12.6%；比全省农村居民消费年均增长 10.4% 高 2.2 个百分点。"① 随着贫困问题的逐渐解决，经济增长重点关注的方向也应逐渐转向经济高质量发展。

在经济向高质量发展转型的背景下，要充分发挥市场机制在资源配置中的决定性作用，同时，强调政府实施积极财政政策的引导性作用。然而，积极财政政策的实施必须有稳定的财政收入来保障。党的十九大以来，我国减税降费力度明显加大，政府非税收入逐渐成为我国财政收入的重要组成部分。"2018 年全国非税收入 26951 亿元，同比下降了 4.7%，云南省非税收入 571.1 亿元，比上年下降 12.5%。"② 非税收入对于经济的促进抑或抑制作用目前说法不一，但毫无疑问，非税收入与经济增长之间存在着重要关系，非税收入的规模与经济的高质量发展密切相关。"非税收入是一个综合性的概念，具有多样性的特点，包括政府性基金、彩票公益金、国有资源有偿使用收入、国有资产有偿使用收入、国有资本经营收益、罚没收入、以政府名义接受的捐赠收入、主管部门集中收入、政府财政资金产生的利息收入等。"③ 并非所有条目对经济的高质量增长都具有作用，且每项非税收入对经济高质量增长的影响也有显著的区别。同时，由于部分非税收入是根据特定管理和服务行为对象收取的，非税收入又具有不确定性和不稳定性的特点。因此，深入剖析非税收入与经济高质量发展之间的关系，对于促进我国经济向高质量增长模式转型将具有十分重大的现实意义。通过研究两者之间的关

---

① 数据来源：国家统计局云南调查总队。
② 数据来源：财政部。
③ 《政府非税收入管理办法》，财税〔2016〕33 号。

系，探究如何通过合理调整政府非税收入占总收入的比重及政府非税收入各条目的收入比重来促进云南省企业的创新发展及产业升级，促进经济由高速发展向高质量发展转型，是目前迫切需要解决的问题。

（二）研究方法及思路

本文的研究对象是非税收入背景下云南当地企业的创新发展和产出效益、具有第三产业性质的特色旅游业生态体系建设，以及面向南亚、东南亚的对外贸易和对外投资产业三大方面，紧紧跟随我国现在所号召的经济高质量发展趋势，研究云南省非税收入与经济高质量发展的关系。其中，研究的关键在于对云南省经济转向高质量发展的特征界定、云南省非税收入对已经基本完成脱贫后目前处于快速发展的云南省经济向高质量发展转型的影响、云南省非税收入模式的进一步改革以及对云南省非税收入合理范围的探讨等。

本文在理论框架的构建方面，首先通过文献调研等方式，初步研究云南省目前的经济发展状况以及云南省经济处于高质量发展阶段的特征及特点，并进一步研究非税收入背景下云南省经济高质量发展的影响因素，提出初步的设想。其次，通过实地调研、走访专家等方式，赴云南省非税收入管理局进行调研采访，了解当前云南省非税收入的相关情况，并对非税与经济发展关系向专家进行咨询，重点了解当前云南非税收入的规模、结构等方面是否对云南经济高质量发展起到一定的影响作用，正面效应和负面效应孰轻孰重；着重了解当地企业、以"一带一路"为背景的面向南亚和东南亚发展定位的对外贸易与对外投资企业，以及云南省旅游业对非税收入的贡献程度，探究能否从上述两大方面找到新的突破口，以此提出创新性的发展思路，让云南省经济高质量发展得到质的飞跃。

通过多种方式构建出基础理论后，将通过实证分析对收集到的数据和调研结果进行分析，从而在理论基础上进行进一步的检验，进一步完善理论。在实证方面，首先将通过层次分析法（AHP）对经济高质量发展的各项指标，如全要素生产率增长率（TFP 指数）、研发投入强度、旅游收入增加值/GDP 等进行不同权重的拟合，建立衡量经济高质量发展的指标。其次，将通过两次回归分析和 Granger 因果检验，以探究云南省非税收入规模与经济高质量发展之间的关系。再次，通过多元线性回归模型，研究云南省非税收入结构与经济高质量发展之间的关系。最后，运用 VAR 模型和脉冲响应函数分析法，探究云南省非税收入与特色产业的关系。

本文的重点，其一在于通过基于时间序列的计量回归以及 Granger 因果检验等，寻找真正影响非税收入和经济高质量发展之间关系的因素，从而更好地指导地方政府从非税收入这一切入口促进云南经济的高质量发展；其二，通过多元线性回归模型，探究财政预算内的非税收入各个部分对经济高质量发展的作用机制和影响程度，进而为优化云南省非税收入结构提供切实可行的建议；其三，运用 VAR 模型，研究云南省非税收入和特色产业这组内生变量之间的关系，为云南省特色经济更好更快发展提供合理有效的建议。

（三）文献综述及研究创新

1. 非税收入的概念

非税收入即政府非税收入。在我国政府的预算体系内，非税收入从新中国成立起就既存在于预算内，也存在于预算外。在预算内，表现为除税收之外的其他收入，比如"利改税"之前的企业收入、企业亏损补贴、能源交通重点建设基金收入、基本建设贷款归还收入等十余个项目。在预算外，表现为"预算外资金"，包括行政事业性收费、政府性基金、国有企业和主管部门收入等各种收费。预算内和预算外并不是隔绝的。然而，之前虽然有非税收入，却没有"非税收入"的概念。"非税收入"概念的正式提出来自财综〔2004〕53 号文件。2007 年，"非税收入"成为中国政府预算分类科目。"其包含了一般公共预算内的所有非税收收入，具体包括政府性基金收入、专项收入、彩票资金收入、行政事业性收费收入、罚没收入、国有资本经营收入、国有资源（资产）有偿使用收入和其他收入共 8 项。"[①]

目前，主流学术界将非税收入的统计分为三种口径：一是大口径的政府非税收入。即除税收以外，政府拥有的所有财政收入统称政府非税收入，包括债务收入、社会保障基金、行政事业性收费、政府性基金、罚没收入、国有资产资源收入、主管部门集中收入、捐赠收入等。二是中口径的政府非税收入。即除税收和债务收入以外的政府所有财政收入统称非税收入，因为债务收入不论是内债还是外债，都将以还本付息和自愿购买为前提。三是小口径的政府非税收入。即除税收、债务收入和社会保障基金以外的所有政府财政收入，将社会保障基金排除在外，是因为与缴款人的各项生活保障密切相关，不能用于社会保障以外的其他支出。2007 年提出的"非税收入"概念属于小口径的政府非税收入。

2. 非税收入的基本理论

（1）准公共产品理论

根据现代经济学理论，社会产品按照消费特征的不同，将各种物品划分为私人产品和公共产品。私人产品由于在消费上具有排他性和竞争性，以及产权明晰的特点，只能通过市场、依据自由等价交换的原则进行，实现经济效益和社会福利的最大化。然而，公共产品不具有排他性和竞争性，单个个体对某特定的公共物品的消费并不影响他人的消费，要排除他人消费在技术上也不可能或者成本高昂从而使得在市场经济的条件下私人部门不能也不愿意提供公共产品，只能由政府来提供。

对于纯公共物品，比如国防、社会治安等，由于具有消费的非竞争

[①]　傅娟：《非税收入的概念辨析及中美比较的可行性研究》，《财贸经济》2019 年第 3 期。

性，政府在向社会提供公共产品的时候，就不能向消费者直接收取费用。但是，纯公共物品的非排他性使得政府不能通过收费来为其筹资，否则"搭便车"现象就会出现，因此政府对公共物品的提供只能通过税收的形式来筹资完成。对于准公共物品，如高等教育、公园、道路等，由于没有同时具有非排他性和非竞争性，消费者在对准公共物品的消费程度和范围上都有区别，使得政府对准公共物品的成本补偿方式不能通过税收的形式来实现，否则就违背了"谁受益谁负担、多受益多负担"的原则，影响社会的公平。同时，对准公共物品的征税还会导致过度消费，导致帕累托无效。非税收入的收费原则就满足了上述要求，使得受益的直接性与负担相一致，能够客观合理地反映人们对公共物品的需求和偏好选择，达到有效供给、提高效率和社会福利最大化的目标。

（2）负外部矫正理论

负外部效应是一种"市场失灵"的现象，社会资源没有实现最优化配置，需要政府的适度干预。由于通过产权明晰或者标准和法律实现外部效应内部化的成本太大，且存在局限性，而通过政府补贴等经济手段弥补正外部效应和罚没方式矫正负外部效应更为理想，因此出现了政府通过强制性的行政执法来制止或者减缓负外部效应。

（3）财产所有权理论

在我国，与公民的私人财产相对应，社会上还存在大量的公共财产，也就是国有资产，具体包括经营性国有资产、非经营性国有资产和资源性国有资产。[①] 根据法律法规，国有资产的所有权属于国家，国家有取得相应所有权的权益。经营性国有资产收益是国家作为出资者的权益体现，是国家凭借国有资产所有权或出资所有权取得的税后利润、股权转让收入等收益，是政府非税收入的一个重要来源。对于非经营性国

---

① 白宇飞：《我国非税收入研究》，经济科学出版社 2008 年版，第 78 页。

有资产，由于它具有无偿性和使用非营利性，只有在非经营性国有资产转让经营或出售后，方可实现收益。对于资源性国有资产，如石油、土地等，开发石油在市场经济条件下不是无偿的，且生产的所有权归国家所有，国家取得这些收益就是通过非税收入来实现的。

（4）政府信誉

彩票公益、政府名义接受的捐赠等政府非税收入，是凭借政府信誉取得的，只有诚信的政府才能引领社会发展。政府以国家实力和自身信誉作为保障，通过垄断彩票的发行和经营，合理引导彩民买彩票，或者以政府名义接受捐赠。这些非税收入不仅具有明显的自愿性和无偿性，而且还在一定程度上解决了社会公益发展事业资金不足的问题。

3. 非税收入的经济效应及研究的创新之处

国外研究非税收入的经济效应时，大多数从政府角度分析预算外资金与经济发展的关系。蒙蒂诺拉（Montinola）、钱颖一（Qian）和温加斯特（Weingast）（1995）在维护市场的联邦主义的理论框架下讨论了预算外资金在经济发展中的积极作用。预算外资金完全由地方政府掌握，具有分权的性质，意味着地方政府能够更好地隐藏收入，使其不受中央剥夺，更有动力推动经济发展。

大部分学者认为地方非税收入有利于促进地区经济的增长。如王乔、汪柱旺通过实证分析得出 GDP 总量与政府非税收入互为因果，即经济增长能促进政府非税收入的增长，非税收入的增长也会反作用于经济增长；然而，他们认为地方经济发展更多地依赖于非税收入的增长，在某种意义上也反映了我国目前财政体制还有不完善之处。[①] 刘志雄基于全国东部、中部和西部三大地区的比较研究认为，非税收入为我国经济、社会的快速发展提供了有力的资金支持，解决了经济发展中所存在

---

① 王乔、汪柱旺：《政府非税收入对经济增长影响的实证分析》，《当代财经》2009 年第 12 期。

的众多瓶颈问题，非税收入增加有利于经济增长。然而，非税收入的经济效应在不同地区有明显的差异。东部地区和中部地区因企业税负加重等问题，非税收入对经济增长的正效应相对较小；西部地区在税收收入无法保障扩张性财政政策的实施情况下，不得不通过非税收入增加财政资金，这样有利于经济增长。[①] 杨莉敏等通过研究1978—2012年的一般预算内非税收入与地方GDP的相互关系，发现非税收入能在一定程度上促进地方经济的增长。[②] 阎利平指出，合理的非税收入管理可以很好地促进地方经济的发展，通过对非税收入管理问题的分析提出改善建议。[③] 刘寒波等认为，非税收入具有一定的灵活性，往往成为地方政府财政竞争的重要方式，地方政府间存在这种非税收竞争行为，会显著促进地区经济增长。[④] 朱明等对云南省2013—2017年非税收入对地方财政收入规模及结构的影响情况进行研究，发现非税收入成为地方财政收入的重要支撑，增加了政府财政收入，弥补了市场运行不足，为各项基础建设提供了大量资金支持，促进社会经济快速发展。[⑤]

有学者认为，非税收入并不一定会对经济发展具有正面效应。如苏明通过分析发现，尽管非税收入在一定时期内对一些地区和部门的经济增长具有促进作用，但它长期在体外循环，从总体上说扰乱了国家的总体财政秩序，造成我国宏观经济不稳定，对经济增长的负面作用大于正面作用。[⑥] 童锦治等利用2000—2010年中国大陆省级空间面板数据进行实证分析发现，宏观非税收入负担对于区域经济增长的影响并不显

① 刘志雄：《我国政府非税收入与经济增长关系研究》，《商业研究》2012年第5期。

② 杨莉敏等：《我国非税收入与经济增长的实证关系研究》，《中国集体经济》2014年第19期。

③ 阎利平：《地方政府非税收入管理存在的问题及对策》，《经贸实践》2016年第11期。

④ 刘寒波、宋美喆、王贞：《财政竞争中地方政府非税收入的空间经济效应分析》，《经济地理》2017年第3期。

⑤ 朱明、吴宏安、白艳：《非税收入对地方财政收入规模及结构影响的实证分析——基于云南省数据》，《时代金融》2019年第1期。

⑥ 苏明：《财政支出政策研究》，中国财政经济出版社2000年版，第98页。

著，但地区间的非税竞争有利于经济增长，且影响程度超过税收竞争。具体来看，不同类型的非税收入及其空间竞争对于经济增长的影响各不相同。其中：行政事业性收费和专项收入对经济增长影响不显著，但是其空间竞争有利于经济增长；罚没收入、其他收入与预算外收入本身及其空间竞争都阻碍了经济增长；国有土地出让收入及其空间竞争则会显著促进区域经济增长。[①] 袁怀宇、刘江浩通过建立非税竞争强度公式与经济增长计量经济模型，发现罚没收入竞争有利于地方经济增长，专项收入竞争不利于经济增长，而国有资本经营收入、国有资源有偿使用收入、行政性收费与其他收入竞争对经济增长影响不显著。总体而言，非税收入竞争对地方经济增长影响并不显著。[②] 朱明等通过对云南省 7 年来的非税收入和经济数据进行实证分析，发现短期来看虽然非税收入对 GDP 的促进作用相对较大，但是非税收入过高、结构不合理等问题会对 GDP 增长产生抑制作用。[③] 王恺、吴文锋通过研究发现，近年来中国地方政府非税收入增长过快，加重了企业的税负，导致外商直接投资下降，这样严重影响了外资的引进，不利于经济增长。[④] 李一花、郭逸扬认为目前我国的非税收入呈现出增速提高且规模不断膨胀的态势，这样的非理性增长，不仅扰乱了正常的收入分配秩序，也引发了众多的经济社会矛盾。[⑤]

　　国内外学者对于非税收入经济效应的研究大多局限于地区非税收

---

　　① 童锦治、李星、王佳杰：《非税收入、非税竞争与区域经济增长——基于 2000—2010 年省级空间面板数据的实证研究》，《财贸研究》2013 年第 6 期。

　　② 袁怀宇、刘江浩：《非税收入竞争对地方经济增长影响的实证研究》，《吉林工商学院学报》2017 年第 6 期。

　　③ 朱明、吴宏安、白艳：《非税收入对地方财政收入规模及结构影响的实证分析——基于云南省数据》，《时代金融》2019 年第 1 期。

　　④ 王恺、吴文锋：《地方政府非税收入、FDI 与民间投资》，《管理现代化》2018 年第 3 期。

　　⑤ 李一花、郭逸扬：《我国非税收入过度增长的制度性考察与治理之策》，《地方财政研究》2018 年第 5 期。

入、非税收入竞争对各地经济增长速度的影响方面，而忽略了非税收入对地区经济质量是否有影响。我国的经济已由高速增长阶段转向高质量发展阶段，我们在研究讨论时不仅要关注经济"量"的提高，也要注重"质"的发展，所以本文计划在非税收入已有研究的基础上，对云南省非税收入与经济高质量发展的关系开展讨论与研究，更好地响应党的十九大首次提出的"经济高质量发展"战略，推动云南省经济又好又快发展。本文试图从经济高质量发展的角度对云南的非税收入进行分析、研究，找出二者的关系，进行一种新的尝试。同时，在"一带一路"的倡议背景下，依托云南省独特的区位地理优势，本文选取云南省旅游业、对外贸易与对外投资产业等作为经济高质量发展的研究指标，结合多项与民生相关的经济指标，提出一种具有云南特色的经济高质量发展的衡量标准，研究其与非税收入的关系，以期符合云南省当地经济发展的特色以及"一带一路"的建设。这也是一种新的研究角度。

二　云南省非税收入研究现状分析

党的十九大报告对我国经济发展趋势做出了重要论断："我国经济已由高速增长阶段转向高质量发展阶段。"财政是保证经济高质量发展的重要支撑，非税收入是政府财政收入尤其是地方政府收入的重要组成部分，也是公共财政体系的有机构成，是对税收收入的一种补充，在财政收支矛盾较为突出的情况下已成为增强政府调控能力的重要财力。然而近年来，由于地方政府不断放大非税收入的资金获取职能，非税收入超越税收收入成为地方第一大财政收入，从而出现地方财政收入质量不高、过度依赖非税收入等问题。这在一定程度上影响了地方经济向高质量发展转型。

（一）云南省政府非税收入现状分析

1. 云南省政府非税收入结构

按照统计口径不同，政府非税收入分为全口径非税收入和一般预算收入口径。其中，全口径非税收入包括一般预算收入口径下的非税收入和政府性基金收入。

一般预算收入口径下的非税收入目前主要包括以下六大类：行政事业性收费、专项收入、罚没收入、国有资源（资产）有偿使用收入、国有资本经营收入、其他收入。

政府性基金收入主要包括散装水泥专项资金收入、新型墙体材料专项基金收入、新增建设用地有偿使用费收入、国有土地使用权出让收入、农业土地开发资金收入、彩票公益金收入。

2. 云南省政府非税收入规模分析

（1）非税收入的绝对规模

如图 1 所示，从绝对规模来看，2010—2018 年以来，云南省政府非税收入规模在总体上呈上升态势，从 2010 年的 169.02 亿元到 2018 年的 571.1 亿元，九年间非税收入的数量大幅度地增加。虽然这几年增速放缓，特别是 2018 年全省地方一般公共预算收入中的非税收入比上年下降 12.5%，但非税收入依然是地方财政收入的重要支撑，就数量而言，非税收入的总体规模比较庞大。

（2）非税收入的相对规模

如图 2 所示，就相对规模而言，非税收入的增长率波动比较大，在有的年份增长很迅猛，甚至达到巅峰值，但随着非税收入的减少，其增长率也降低了。与税收收入的增长率相比，非税收入的增长率很不稳定。从中可以看出，非税收入总体规模没有税收收入稳定。

通过分析非税收入的相对规模，即非税收入与财政性资金的比值、非税收入占 GDP 的比重等指标，也可以发现云南省政府非税收入的一

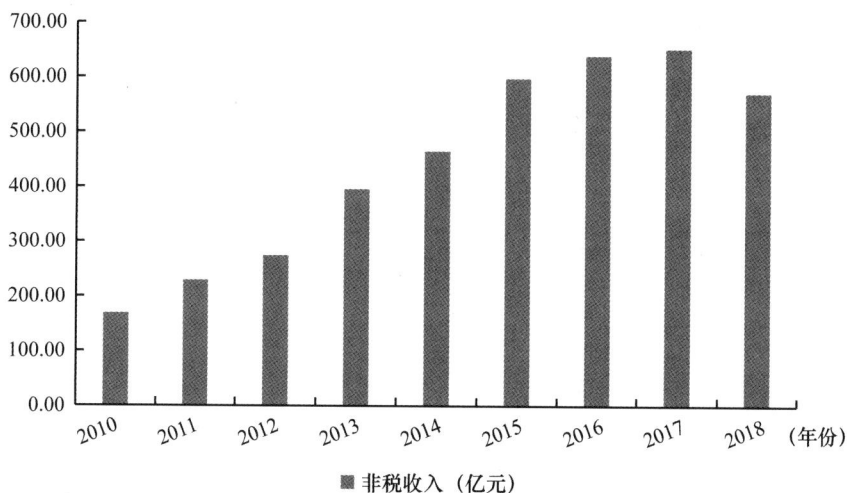

图1 云南省非税收入的总体规模

资料来源：《云南省统计年鉴》，云南省财政厅。

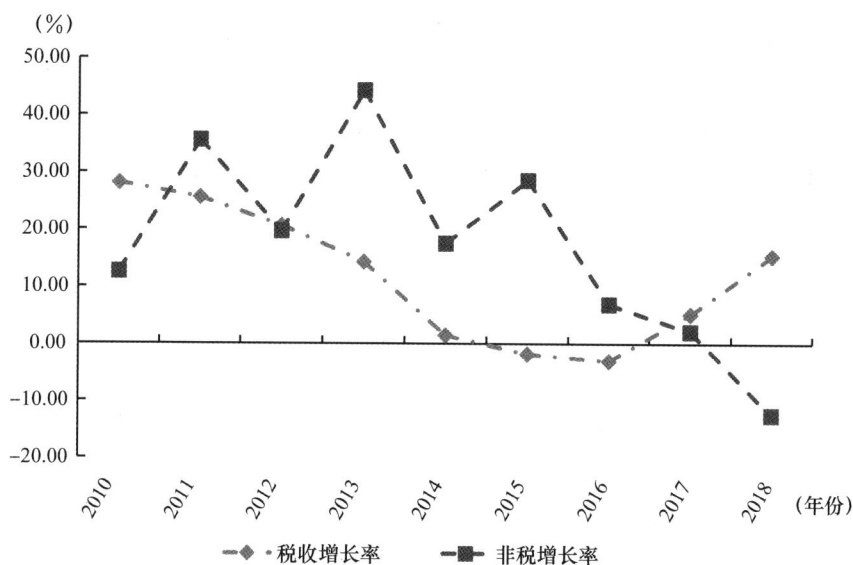

图2 云南省政府非税收入与税收收入增长趋势

资料来源：《云南省统计年鉴》，云南省财政厅。

些数量特征。其中，非税收入与GDP的比值可以用来衡量非税收入负担，非税收入与财政资金的比值可以作为政府财政收入对非税收入依赖程度的衡量指标。

表 1　　　　　　　　云南省非税收入的相对规模

年份	税收收入（亿元）	非税收入（亿元）	地方财政性资金（亿元）	省 GDP（亿元）	非税/GDP（％）	非税/财政性资金（％）
2010	702.16	169.02	1296.25	7224.18	2.34	13.04
2011	881.95	229.21	2150.63	8893.12	2.58	10.66
2012	1063.90	274.25	2122.42	10309.47	2.66	12.92
2013	1215.66	395.64	2547.70	11832.31	3.34	15.53
2014	1233.23	464.83	2409.80	12814.59	3.63	19.29
2015	1210.54	597.61	2210.32	13619.17	4.39	27.04
2016	1173.52	638.77	2244.19	14719.95	4.34	28.46
2017	1233.85	652.32	2618.07	16376.34	3.98	24.92
2018	1423.20	571.10	3281.60	17881.00	3.19	17.40

资料来源：《中国统计年鉴》。

如表 1 所示，云南省非税收入占 GDP 的比重从 2010 年的 2.34％一直增长到 2015 年的 4.39％，这体现出云南省居民和企业的非税负担在不断加重；从 2016 年开始呈现下降趋势，到 2018 年非税收入占 GDP 的比重下降到 3.19％，这与政府采取减税降费的措施有关，非税收入的减少有利于经济的可持续发展。另外，非税收入占财政性资金的比重在 2010—2016 年间，总体上从 13.04％增长至 2016 的 28.46％；2017 年开始下降，从 24.92％下降到 2018 年的 17.40％。这是由于 2018 年，在省委省政府的领导下，全省各级财政部门坚决贯彻中央和省委省政府决策部署，坚持稳中求进工作总基调，坚决落实积极财政政策，着力降低企业税费负担，优化调整财政支出结构，提高财政资金效益。全省财政收支情况总体较好，有力促进了经济社会平稳健康较快发展。但从总体上可以反映出非税收入是云南省财政收入的重要组成部分，地方财政收入对非税收入的依赖程度依然比较高。

3. 云南省非税收入的结构分析

政府非税收入的分项目收入分布情况可以初步反映其收入结构的合理性和规范性。从云南省非税收入数量在绝对规模和相对规模的分析上可以看出，云南省非税收入在总体具有基数大、增速快的数量特征。但是非税收入由多种类别组成，不同类别的非税收入是否呈现不同的数量特征，这就需要对非税收入进行结构分析。虽然非税收入的组成成分很多，但它大体上可以分为政府性基金和预算内非税收入两大类。

（1）政府性基金

从构成比例来看，政府性基金构成非税收入的主体。如表 2 所示，2010 年云南省的非税收入总额为 594.09 亿元，其中政府性基金数量为 425.07 亿元，约占非税总额的 71.55%；2011 年，政府性基金数量上升到 1039.47 亿元，占非税总额的 81.93%；2012 年，政府性基金数量下降到 784.27 亿元，之后占非税收入总额的比重逐年下降，2016 年降

表2　　　　　　　　　云南省非税收入项目对比情况

年份	预算内非税（亿元）	政府性基金（亿元）	非税总额（亿元）	政府性基金/非税总额（%）	预算内非税收入增速（%）	政府性基金增速（%）
2010	169.02	425.07	594.09	71.55	12.60	78.54
2011	229.21	1039.47	1268.68	81.93	35.61	144.54
2012	274.25	784.27	1058.52	74.09	19.65	−24.55
2013	395.64	936.40	1332.04	70.30	44.26	19.40
2014	464.83	711.74	1176.57	60.49	17.49	−23.99
2015	597.61	402.17	999.78	40.23	28.57	−43.49
2016	638.77	431.90	1070.67	40.34	6.89	7.39
2017	652.32	731.90	1384.22	52.87	2.12	69.46
2018	571.10	1287.30	1858.40	69.27	−12.45	75.88

资料来源：《中国统计年鉴》、地方政府性基金收入决算表。

至 40.34%；从 2017 年开始，政府性基金占非税总额的比例逐渐回升，从 52.87% 上升到 2018 年的 69.27%。

2018 年，全省政府性基金预算收入 1287.3 亿元，比上年增加 555.4 亿元，增长 75.9%，主要是国有土地使用权出让收入快速增长。2018 年，全省国有土地使用权出让收入 1172.9 亿元，比上年增加 520.7 亿元，增长 79.8%。分级次看，省本级政府性基金预算收入 115.8 亿元，比上年增长 26.9%；州（市）、县（市、区）级政府性基金预算收入 1171.5 亿元，比上年增长 82.9%。

（2）预算内非税收入

预算内非税收入主要由专项收入、行政事业性收费收入、罚没收入、国有资本经营收入、国有资源（资产）有偿使用收入以及其他非税收入六项组成。如表 3 和图 3 所示，从非税收入的结构来看，各主要非税收入中占比最高的是专项收入，其次是行政事业性收费收入，国有资源（资产）有偿使用收入近年来上升较快，罚没收入这些年来增长较为缓慢，占比居倒数第二位，在非税收入中居最次地位的是国有资本经营收入，甚至在少数年份出现收入为负的情形。

表 3　　　　　　　云南省非税收入分项目收入情况　　　　　　（单位：亿元）

项目	2010	2011	2012	2013	2014	2015	2016	2017	2018
专项收入	52.80	80.32	88.58	163.24	168.16	244.58	225.45	202.84	179.40
行政事业性收费收入	33.49	54.18	66.27	84.69	103.58	95.74	103.54	100.71	82.50
罚没收入	33.92	36.26	45.02	50.25	49.57	53.26	67.15	58.79	62.80
国有资本经营收入	10.94	8.97	-1.32	-0.18	0.80	9.61	25.25	1.98	3.10
国有资源（资产）有偿使用收入	14.28	22.17	43.53	57.44	76.77	113.47	149.98	231.19	175.50
其他收入	23.59	27.32	32.18	40.19	65.95	80.95	67.40	56.81	67.80
合计	169.02	229.22	274.26	395.63	464.83	597.61	638.77	652.32	571.10

资料来源：《云南省统计年鉴》。

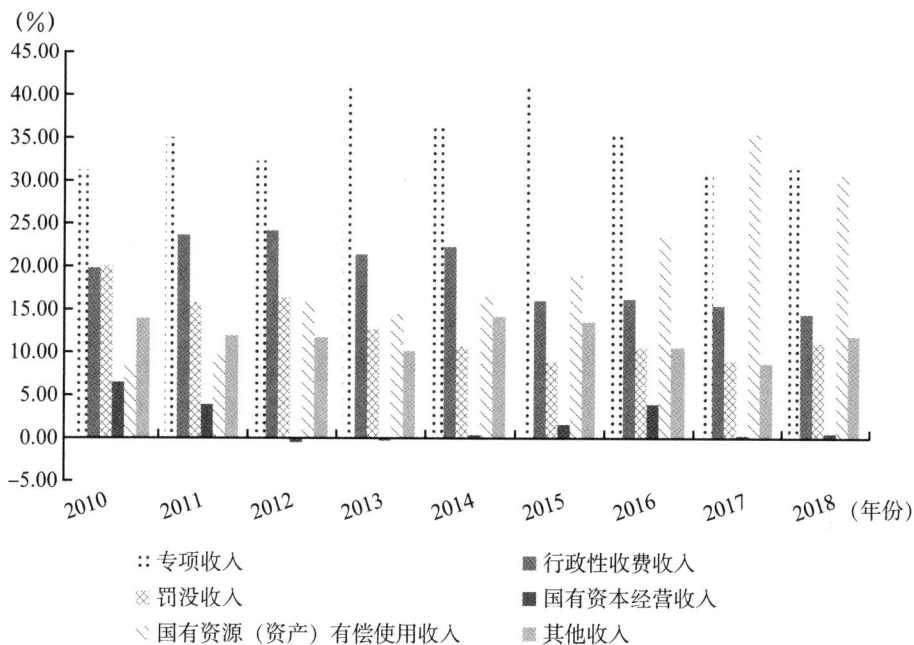

图3 云南省一般预算内非税收入各项目占比情况

资料来源:《云南省统计年鉴》。

从云南省财政厅公示的财政收支情况来看,截至2018年,非税收入中,专项收入179.4亿元,比上年下降11.5%,主要是2018年起取消坝区耕地质量补偿费,造成减收;行政事业性收费收入82.5亿元,比上年下降18.1%,主要是受清理、规范行政事业性收费项目、加大行政事业性收费减免力度影响;罚没收入62.8亿元,比上年增长6.9%;国有资源(资产)有偿使用收入175.5亿元,比上年下降24.1%,主要是上年同期加大国有资源(资产)盘活力度,拉动相关收入一次性增收,今年缺乏相应收入来源,导致收入回落;政府住房基金收入46.1亿元,比上年增长73.9%,主要是各州市计提公共租赁住房资金和公共租赁住房租金收入以及配建商业设施租售收入较快增长。

总而言之,2010—2018年以来,云南省非税收入中各项目占比变化很大,非税收入内部构成增速分化明显。

从非税收入规模和结构的角度来看，2010—2018 年云南省非税收入占一般公共预算收入的比重总体呈上升态势，近几年云南省非税收入比重增长势头较为明显。同时，值得注意的是，非税收入中主要收入波动幅度均较大，反映出非税收入长期稳定体系尚未建立。

（二）云南省政府非税收入管理中存在的问题

随着中央提出完善财政管理体制，在提高预算管理水平的财政改革方向下，各级地方政府积极开展非税收入改革工作，创新非税收入管理模式，制定并实施了一系列切实有效的非税政策。近年来，云南省通过借鉴国内外的管理模式，在加强政府非税收入管理、建立健全监督管理制度等方面进行了有益探索，虽然已取得了显著成效，但仍然存在着以下问题。

1. 非税收入规模的不断扩大，影响财政收入的稳定性

近年来，云南省每年非税收入都呈现两位数的增长态势，增速远超全省税收收入。非税收入的快速增长，使其占全省财政收入的权重保持在一个较高的水平，这违背了税收收入是财政收入的主体地位。

另外，全省非税收入中，各项目比重不稳定，全省非税收入占全省财政收入的比重远高于全国平均水平。由于非税收入的特有性质，这将影响全省财政收入的稳定性。因此，在以后的管理中，需要改革非税收入项目，确保非税收入合理增长，保障全省财政收入分布的合理性。

2. 资金使用管理不严格

多年来，云南省政府非税收入一直存在重收入轻支出、重分配轻监督的现象。随着省非税收入管理局的成立，全省在实现"收支两条线"的管理改革方面取得了一定的成效，但实际中，非税收入资金使用管理不严格的问题仍然存在。主要表现在：一是已经纳入政府预算管理的非税收入主要由各主管部门代征代管，自主性较强，财政部门虽然履行了审核批准程序，但并没有对这些资金进行强有力的监管，支出上存在着

随意性。二是没有纳入预算管理的政府非税收入虽然在形式上做到了"收支挂钩",但是政府非税收入"入户快、出户更快"的状况导致非税收入的使用权实际上仍然停留在执收执罚部门的手中,非税收入资金管理并没有从根本上走出"谁收谁用、多收多用"的怪圈。三是在非税收入管理法律法规和监管机制不健全的情况下,有些执收执罚部门在使用非税收入资金时往往缺乏成本意识,浪费现象时有发生。

3. 法治建设滞后问题

政府非税收入法治化建设是规范政府非税收入的根本,特别是在法治程度高的市场经济国家,非税收入从项目立项、非税收入收缴到非税资金使用和监督等环节,都有健全的法律法规。政府非税收入法治化建设的落后将导致政府非税收入在征收、资金使用上面临无法可依的局面。虽然云南省政府非税收入在总体上处于增长态势,但是由于政府非税立法的空白,非税征管在执收环节、资金使用环节等诸多方面暴露出一些问题。

为了加强政府非税收入管理,中央和地方都根据实际情况出台了一些部门规章和地方性文件,但总体来看,当前云南省非税收入管理的法治建设滞后,法治化程度较低。现行非税收入的执收执罚环节过多、标准不一,收罚尺度不尽相同,缺乏明确的依据,增加了非税收入管理的随意性,导致非税收入流失。

4. 监督管理机制不健全

目前,云南省政府非税收入监督管理机制不健全,监督上"越位"和"缺位"现象严重。主要表现为:一是监督检查部门之间的职责分工不明确。在实际中,承担政府监督检查任务的部门较多,包括审计监督、财政检查、纪检监察等,但是由于这些部门之间缺乏明确的职责分工,日常监管与专项检查缺乏制度化的界定和配合,监督上"越位"和"缺位"的现象严重。各监督检查部门都只注重事后监督,而轻视了事前和事中监督,通常只看重非税收入取得的合法性,而轻视非税收入使用的合理性。二是政府非税收入存在各归口部门分散征收的情况，这必然会给监督检查带来极大困难，致使很多监督检查工作停留在形式上，难以更深入地开展，也难以巩固取得的监督检查成果，影响整体监督管理效果。三是政府非税收入的监督制度安排始终没有摆脱以政府内部监督为主的模式，缺乏社会大众和媒体在政府非税收入立项、征管、资金使用、监管等整个过程的外部监督，使得政府非税收入管理中的违法违纪现象得到遏制。

为了更好地促进非税收入的发展，需要进一步改进云南省政府非税收入管理，在改革地方政府非税收入管理体制的同时，必须严格规范其他收入项目，逐步建立和完善与此相关的非税收入征收管理体制。

三　云南省经济发展现状分析

（一）经济高质量发展的特征探究

1. 相对性

高质量发展是相对于产业现有发展水平而言的，这是在原有发展程度上的再一次提高与深化。云南省企业原有发展过程中存在着技术人员素质参差不齐、管理人员水平有限等主观因素，以及客观层面上的诸如设备的老化淘汰问题，会影响到一个企业投资的成本、效益决策、项目选择等，极有可能影响企业的长期效益。所以，云南省目前的高质量以积极根除原有的顽固旧疾为原则，以期焕发经济高质量发展的活力与生机。

2. 渐进性

随着社会条件、技术条件的变化以及人们认识水平的提高，当地企业及旅游业高质量发展的标准也会提高。这些升级是根据当前社会物质生产活动的现实基础而定论的。云南省针对特色本土企业和跨境企业以及旅游业发展状况，逐步紧跟当下新型发展态势，正经历着网络经济，而网络经济又引起了经济结构、经济运行机制、经济主体协同作用等一系列变化，并成为新的经济形态。因此，云南省要以供给侧改革为发端，利用大数据、云计算、新型一体化产业链模式为云南经济高质量发展构建新的航道与发展机遇。

3. 可持续性

当前，我国社会主要矛盾已发生转变，经济由高速增长转向高质量发展、人民日益增长的美好生活需要与不平衡不充分的发展之间的矛盾，所以云南省在未来的规划发展中，应以满足社会实际需求，构建清洁、低碳、安全、高效的产业链供应体系为基本原则，其生产方式要进一步节约资源、保护环境，其产品服务要进一步绿色低碳、高附加值，其经营管理要保证安全第一、效益优先，其组织形式要保证资源优化、效率提升，其人才机制要实现以人为本、全面发展，其社会履责要实现有益社会、造福人民等。同时，其实现方式应由依靠要素投入型发展转向创新驱动型发展，而且只能通过科技和创新来提升资源配置效率、全要素生产率，进而推动本土和跨境企业各行业以及旅游业各方面品质的可持续提升。

（二）经济发展基本进程分析

在非税收入存在的背景之下，关于经济发展好坏的理论也各执一词。在资源利用广度和深度的不断扩展中，土地占用会持续增加。与工业化和城镇化相关的政府性基金、土地出让金和资源有偿使用费等收入迅速增长以及国有与国有控股企业体制和机制的创新，有利于加快其发展步伐的国有资产经营收益会加速增长，这些因素都使得非税增加，也促进了经济的发展。非税收入对增加国家宏观调控能力、调动地方各级政府和部门的积极性、弥补财政与资金的不足、兴办公益事业以及促进地方经济发展起到一定的促进作用。计量检验发现，非税收入和经济增长之间存在长期稳定关系，对经济增长会产生一定的影响。虽然影响不显著，但它与经济发展呈正相关关系，非税收入对经济增长具有一定的拉动效应。同时，将税收竞争、财政压力、与非税收入纳入统一框架进行研究，实证结果表明，地方政府间的税收竞争和财政压力对非税收入规模均具有正向影响。在中国，虽然地方政府无权决定税种征收及税率设置，却可以通过各种税收优惠政策变相降低税率，提高自身的竞争力，吸引投资，发展地区经济。研究发现，非税收入的规模大小和增速快慢与经济增长呈现总体的趋同性。由于内部各项目与经济增长的关联性大小不一，又呈现出结构的差异性。在社会主义市场经济条件下，主要是财产性收入的快速增长带来了非税收入的规模扩大和持续稳定增长，非税收入与经济增长是相适应的，总体上也是合理的。相反，非税收入的过度征收会制约经济的发展。非税收入长期在体外循环，从总体上扰乱了国家的总体秩序，造成我国宏观经济不稳定，对经济增长的负面作用大于正面作用。此外，不将非税收入纳入预算管理，会导致大量的资金游离于预算管理之外；制度外收入更是大量存在，导致我国税负负担率不高，但国民经济总体负担率却较重的事实，不利于经济发展。同时，理论认为非税收入超税收、超 GDP 增长不利于我国地方经济健康发展，会拉大收入分配差距，恶化分配情况，而且，这种差距是不可逆转的。

有些理论又认为，非税收入对经济发展产生影响的同时，经济发展也为非税收入的良性增长提供了物质保障和基础。研究发现，经济增长对来自非税收入的冲击与非税收入对来自经济增长的反映路径非常相似，我国非税收入对经济变动的冲击力远小于税收增长的冲击力。对我国政府非税收入与经济增长的相关性分析进行实证研究结果表明，GDP总量与政府非税收入互为因果关系，即经济增长能促进政府非税收入的增长，非税收入的增长也会反作用于经济增长；若分项考察中央与地方政府非税收入对经济增长的作用力，地方政府非税收入与经济增长的关系更为密切，两者之间的互动性更强。另外，从政府非税收入规模的影响因素来看,人均产出、人均转移支付、财政供养人口以及市场化进程等因素均对政府非税规模有影响。我国政府非税收入不断增加,而且表现出明显的地区差异,对经济增长的作用也不相同:东部与中部地区非税收入对经济增长的作用相对较小,西部地区经济增长对非税收入的作用较大。从支出的角度进行实证,发现非税收入对经济增长没有显著影响,即非税收入和税收之间不存在替代效应。

(三)云南省非税背景下经济发展历程的现实考察

1994 年税制改革以来,伴随经济的快速发展,我国财政收入一直呈现高速增长的态势。云南省非税收入、税收收入和经济收入一直在增长(见表4、图4)。从 2007 年开始,云南省非税收入、GDP 一直呈现出上升趋势,除了 2016 年增长率为 6.89% 外,其他年份的增长率基本都在 10% 以上,最高的达到 44.23%。云南省 GDP 总量一直都呈现增长的状态,但波动性较强,其中的变化趋势没有规律性,可以说是增长与下降并存的一种非正常态势,但近三年来增长幅度都很小,不到 10%。另外,云南省政府非税收入占 GDP 比重整体呈现上升趋势,非税收入占 GDP 的比重从 2007 年的 2.26% 上升到 2016 年的 4.32%,近十年来比例最高的是 2015 年,占比达到 4.4%。

表4　　　　　　　　　　云南省经济发展规模

年份	非税收入(亿元)	云南 GDP(亿元)
1998	126.66	1793.90
1999	127.53	1856.74
2000	126.47	1955.09
2001	133.44	2074.71
2002	147.15	2232.32
2003	164.81	2465.29

续表

年份	非税收入（亿元）	云南 GDP（亿元）
2004	168.35	2959.48
2005	224.02	3472.89
2006	225.93	4006.72
2007	323.30	4741.31
2008	453.97	5700.10
2009	480.44	6169.75
2010	684.52	7224.18

数据来源：《云南省统计年鉴》《中国统计年鉴》。

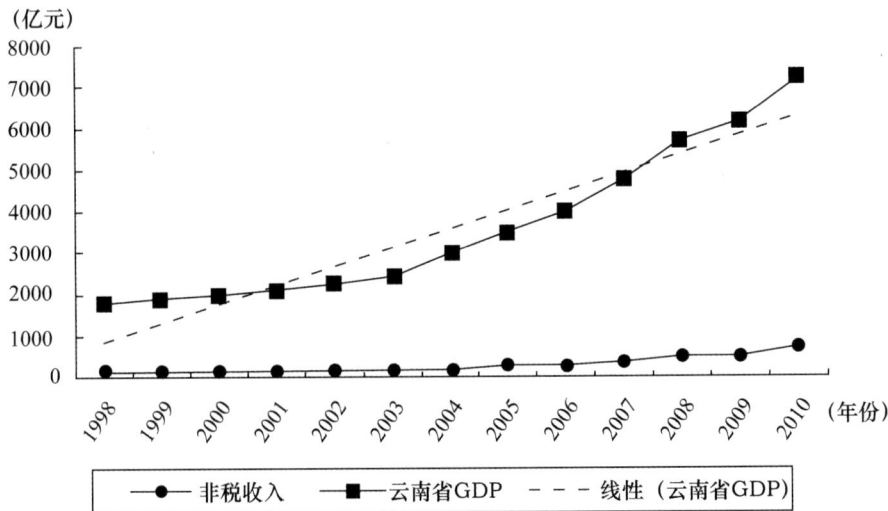

图 4　云南省经济增长状况

数据来源：《云南省统计年鉴》。

　　具体而言，在云南省非税收入较大份额中的资源类非税收入，在云南省财政收入中占有重要地位。云南省作为经济发展水平与层次相对落后的边疆省份，其产业结构的单一与调整难度大，一定程度上约束了税收收入的增长，从而导致非税收入占财政收入比重相对于东中部地区依赖度要高得多。云南省得天独厚的丰富自然资源，为企业经济发展、对外开放乃至旅游业提供了发展动力。就 2008 年而言，资源类非税收入占全省非税收入比重为 48.08%，占全省地方财政资金的比重为 20.57%（见表 5）。从 2008 年数据总体来看，云南省资源类非税收入贡献率达到 48.09%，而资源税的贡献率仅为 1.72%。资源收益属于中央地方共享，尤其是地方政府分配率较高的资源类非税收入，将为云南省这样的资源型地区财政收入带来强有力的刺激。一方面，资源类非税收入在资金范围上相较于税收收入更具有灵活性，便于为云南省生态恢复和环境保护提供充足的资金支持，同时也为云南旅游业的长远发展奠定基础，有利于云南省经济的高质量、可持续发展；另一方面，云南省属于资源集中但经济发展相对落后的西部地区，财政收入的匮乏与自然资源的丰富形成了鲜明的对比。资源类非税收入的增加意味着政府可支配财力的同步提升，有利于提高云南省政府的宏观经济调控能力，从而带动云南经济的高质量发展。云南省自然资源丰富但生态环境相对脆弱。近年来，干旱、泥石流等自然灾害频发，无不对云南省经济的高质量发展带来巨大冲击，故可将资源类非税收入征收与经济发展趋势相互配合进行调节。比如在经济迅速发展时期，资源的需求量相应增加，政府可以通过增加资源类非税收入征收率，或者扩大资源类非税收入征收范围，以达到控制需求量的目的；通过征收方式的调整，可促进企业在追求利润最大化的同时注重节约资源和提高资源利用率，避免资源的无序开发。这样做不仅促成了企业对外开放发展的目的，同时促进了云南省旅游业的发展，一举两得。"资源路径依赖陷阱"是资源富集地区普遍存在的现象。云南省长时间内存在对自然资源初级产品的过度依赖，经济增长方式基本上属于粗放型发展道路，即经济增长靠大投入、高能耗、重污染、低产出，结构单一、简单。而非税收入的纳入与征收，一方面增加了"僵尸企业"的生产成本；另一方面，非税收入的资金可以重点扶持一批低能耗、高技术含量的企业，促使企业发展向低能耗、技术革新产业偏移，从而有力推动产业内部由依靠资源消耗向依靠技术创新转型，拉长初级产品产业链，有利于构建低碳的产业模式和消费体系，形成特色优势产业。这样的做法也满足了云南省发展高质经济体系的初衷。

表5　　　　云南省2008年资源类非税收入及GDP总量情况汇总

年度	资源类非税收入数额（万元）	云南省生产总值（GDP/万元）	资源类非税收入占地方财政性资金比重（%）	资源类非税收入占GDP比重（%）
2008	1734411	57001000	20.57	3.04

资料来源：《云南省财政年鉴（2009）》。

近年来，云南省政府非税收入呈现出政府性基金收入一头独大、专项收入快速增长、行政事业性收费收入保持稳定增长的格局。从2008年以来，政府性基金和专项收入两项收入占当年云南省政府非税收入的比重不断攀升，在当年这一数值为2/3多一点，到2011年达到了84%。因此，自2007年云南省非税收入管理局成立以来，政府性基金和专项收入的实际入库率逐年增长，不断提高政府非税收入应收尽收的水平，从而在一定程度上确保这批非税收入资金可以专项注入需要资金扶持的对外开放发展型企业，以此促进经济发展。从相关数据可知，2011年到2013年云南省政府性基金和专项收入的实际入库金额分别为285.60亿元、289.79亿元和485.01亿元，在绝对数不断增长的过程中，相对量也在不断增长，实际的入库率从90.57%增长为95.86%，大大支撑着云南整体经济的发展。从非税收入缴入中央金库、省本级国库、州（市）级及以下国库的情况来看，总体而言，缴入省本级国库的入库率最高，而缴入州（市）的入库率最低。从2010年起，应缴入中央金库的金额确保95.89%按时入库，应缴入省本级国库的金额98.03%在规定时间缴入，而州（市）级国库及县级国库的实际入库率也分别达到了90.7%和91.63%。

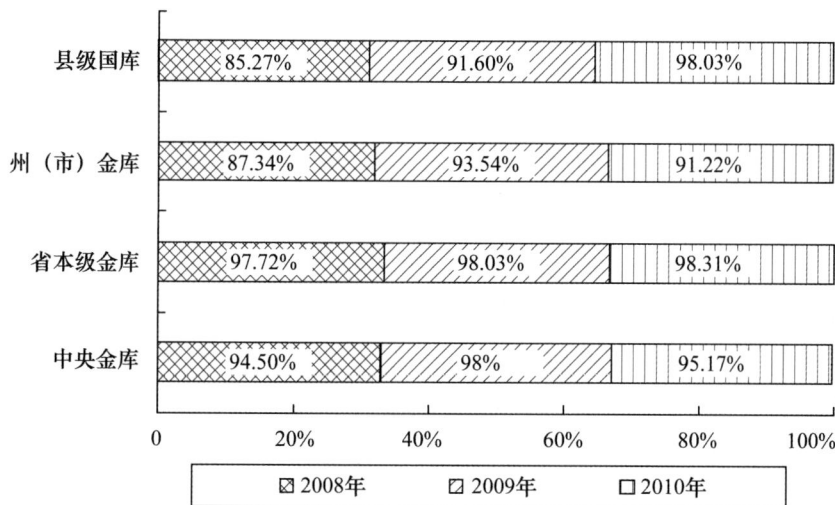

图5 非税收入征收入库率

数据来源：云南省非税收入管理局。

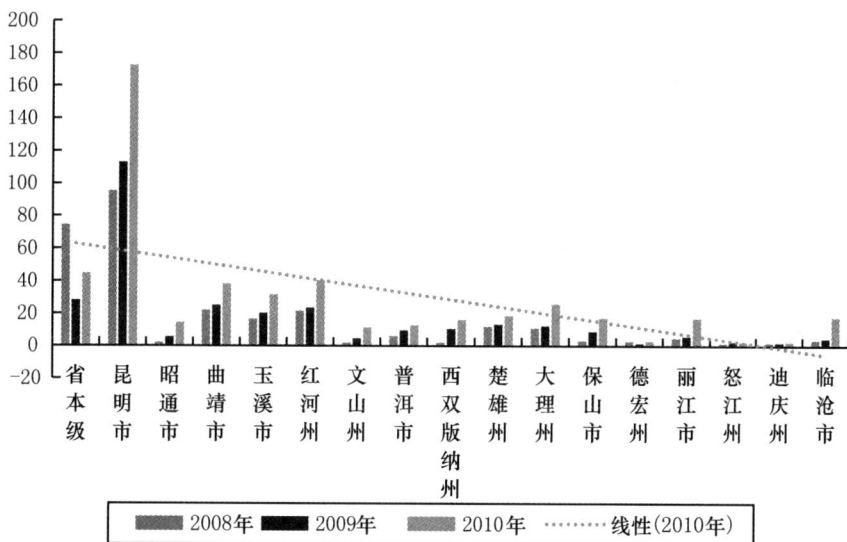

图6 云南省非税收入地区分布情况

数据来源：云南省非税收入管理局。

从图 5 和图 6 可以看出，随着云南省对非税收入相关工作的具体落实和相继展开，非税收入的总体规模不断地增长，然而不同级别的非税收入入库率和各地区的具体分布情况却不尽相同。2008—2010 年间，云南省本级和昆明市政府性基金与专项收入占云南省比重从 2008 年的 59.45% 下降至 2010 年的 44.78%，其余 17 个州市的比重在提高，说明云南省开始注重非税收入增长的整体结构均衡和最优配置，而不是依靠个别地区的快速增长。但是由于不同地区，其经济发展水平受制于该地区整体的企业状况、政策扶持、资源储备等因素，不同地区的政府性基金和专项收入的金额差别巨大。由于政府性基金中与土地出让金有关的金额占有较大的比重，而促使云南省经济发展位居前列的地区绝对规模较大，昆明市作为省会城市的作用更为明显和突出；而偏远的地方，经济发展较为落后，相关产业不发达，相应的基金收入就低，例如迪庆州和怒江州。

（四）云南省高质量经济发展现状分析

1. 经济增长现状及经济结构分布情况

由图 7 可以看出，根据支出法所统计的云南省生产总值中固定资本所占权重最大，同时可以看到固定资本的波谷对应了权重最低的存贷变动的波峰；居民消费位居第二，政府消费次之。从这一系列数据可以得知，云南省生产总值更为依靠资本运作，缺乏能够支撑整个省份发展的实体支柱产业和企业，以及最终消费品的有效出路。所以接踵而来的居民消费、政府支出的提升是有限度的，制约了经济的长期发展。同时，云南省的经济发展还存在着地区结构发展不平衡的问题（见图 8）。云南省省会的发展最好，集中了几乎所有最优的资源、技术、劳动力等，曲靖次之，原因是地理位置的辐射范围以昆明为中心，网状向外辐射，故制约了经济的整体发展。像偏远落后地区，如怒江、迪庆等地，几乎没有实体企业生产力的支撑，经济自然落后，对应的人均 GDP 数值就会下降。

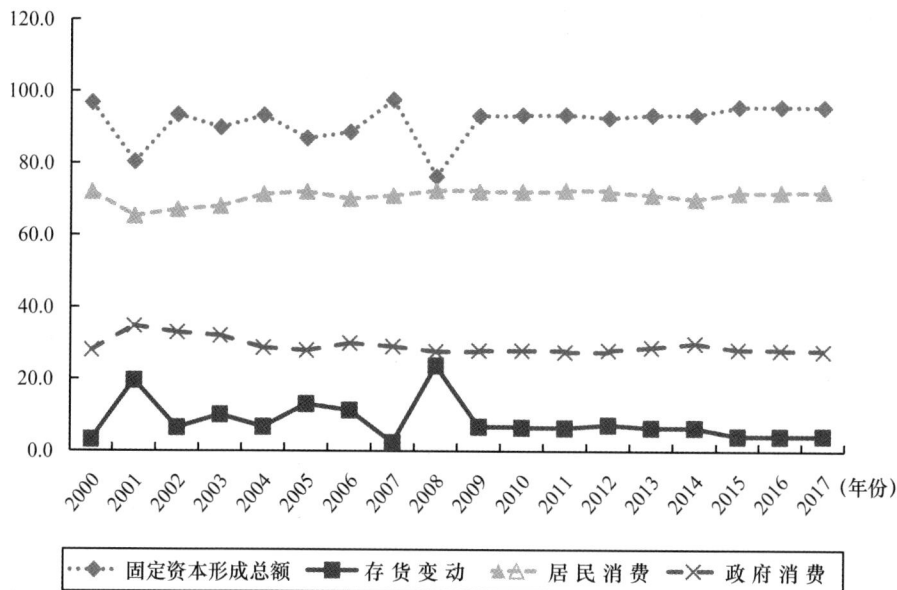

图7 支出法中云南生产总值的构成

数据来源:《云南省统计年鉴》。

同时,我们也关注更为微观的具体产值贡献率。云南省的经济产值贡献大多依赖得天独厚的天气环境和自然资源,图9便展示出诸如水果、茶叶、烤烟等经济作物的价值对云南省经济的贡献。反之,除去这样一些依赖自然资源所获得的经济效益,云南省并不具备高技术含量的实体产业支柱,并且,重工业产值比重大大高于轻工业产值,不仅污染了环境,而且制约了产业本身的可持续发展态势。所以有必要对云南实体产业和企业进行更新与大换血,停止"僵尸企业"运作,大力宣传企业技术创新,引进新的技术型支柱产业,瞄准辐射南亚东南亚的战略定位。正是由于云南省经济的不发达,企业成分大多局限于公有制,阻碍了一大批复合型人才的流入。由图10所示,我们应大力扶持非公有制实体企业的入驻和落地生根。从2005年至2017年,随着非公有成分的发展,非公有经济增加值逐年上升,第三产业比重开始攀升,为云南经济发展带来了新的活力和契机。

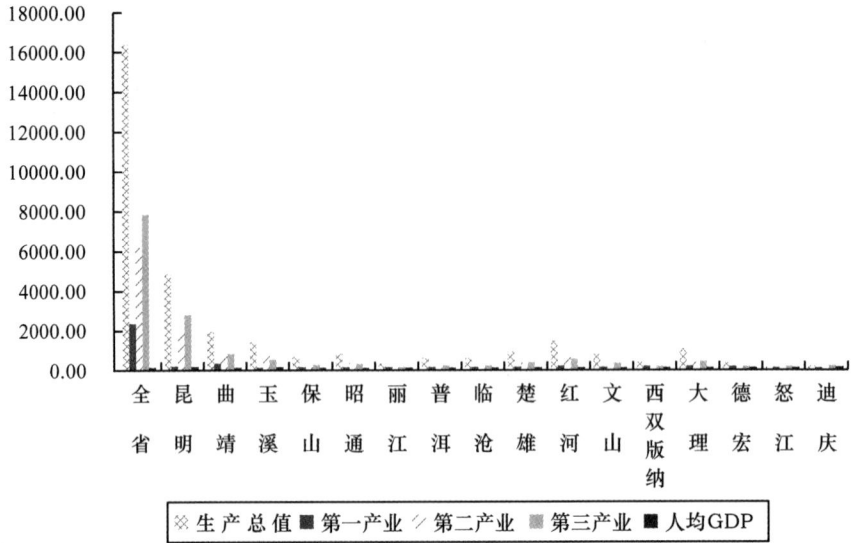

图 8　各州市生产总值

数据来源：《云南省统计年鉴》。

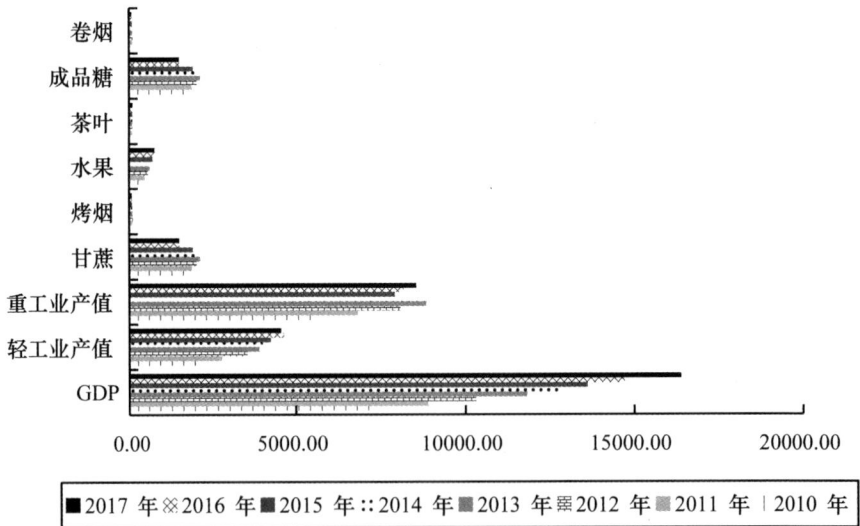

图 9　云南省经济产值分布情况

数据来源：《云南省统计年鉴》。

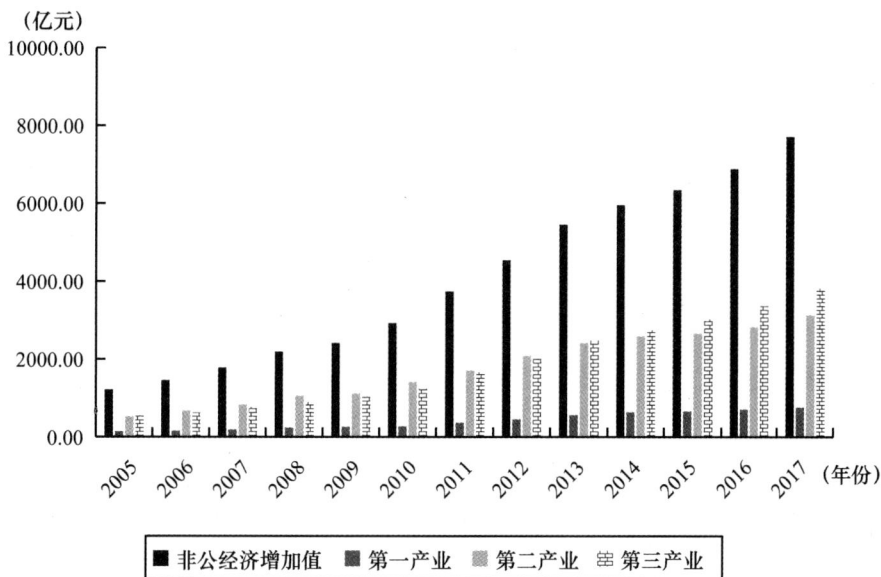

图 10 非公有制经济增加值

数据来源:《云南省统计年鉴》。

2. 云南高质量经济发展方向划定

作为一个具有综合性经济发展成分的省份,云南省行业几乎覆盖了全部领域。以房地产为例,云南省为何不具备将其纳入支柱的条件?首先,每个城市都有这一行业,相比地理位置更为优越的北上广深,云南省并不具备竞争力。其次,云南省地处西南,对其所获得的各类资源优势,应加以利用。不过,有色金属等领域及行业,确实具备引领云南经济发展的条件,但以发展的眼光以及响应习近平总书记"绿水青山就是金山银山"的发展理念,有色金属这一类资源属不可再生资源,过度开采之后就会丧失未来几十年经济创造的潜力,并且在成品生产制作过程中,不可避免地会对环境造成污染,所以要控制这一类产业所能达到的环境容积率上限。如此一来,因地制宜地考量云南省独特的地理、资源等方面优势以后,可将发展对外贸易、旅游业视为发展云南高质量经济的不二之选。再以数据事实论证这一选择的可行性。

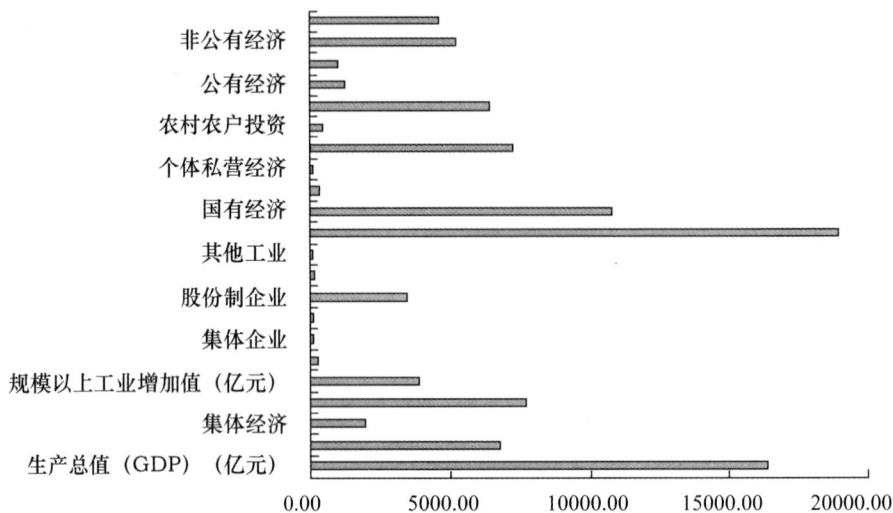

图 11　云南省经济成分指标划分

数据来源：《云南省统计年鉴》。

如图 11 所示，由云南省经济成分的分布可以得知，非公有制经济对云南经济的贡献率更高，达到 7721.48 亿元，占整个经济比重的 47.15%；股份制企业工业增加值远高于国有企业，达到 3388.84 亿元。由此，要充分鼓励和发展非公有经济，有效补充公有及国有经济的短板和不足，激发中小企业的创新潜力和生产效率。同时，由图 12、图 13、图 14 佐证，云南的经济作物面积可观且有气候条件的支持；特色经济作物诸如茶叶、橡胶、香料作物、咖啡、水果等对云南经济的贡献可观，符合高质量、绿色的标准，水果的产量在 2016 年达到峰值 797.77 万吨，橡胶和咖啡产量逐年稳步上升。将这些具有"稳定增长"特性的经济作物，无缝衔接于旅游业和辐射东南亚的对外贸易，无疑可让云南经济发展实现"质"的飞跃。

(万吨)

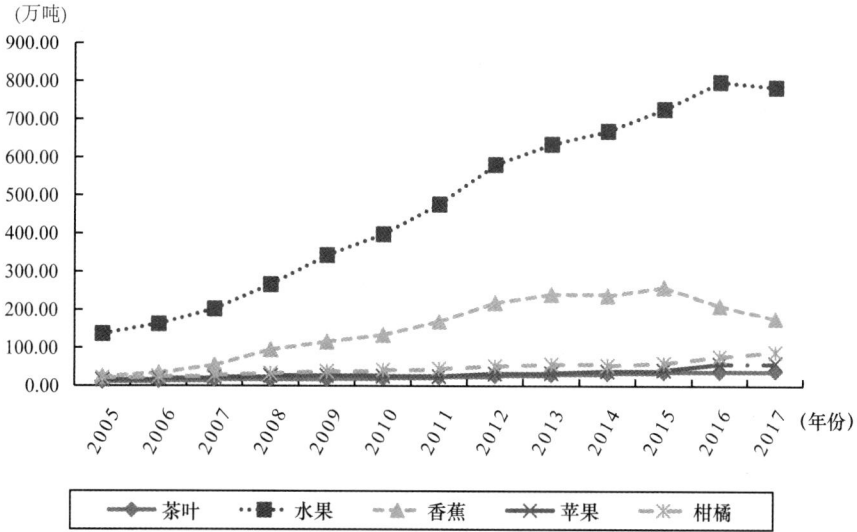

图 12 云南省特色经济作物产量

数据来源:《云南省统计年鉴》。

(万吨)

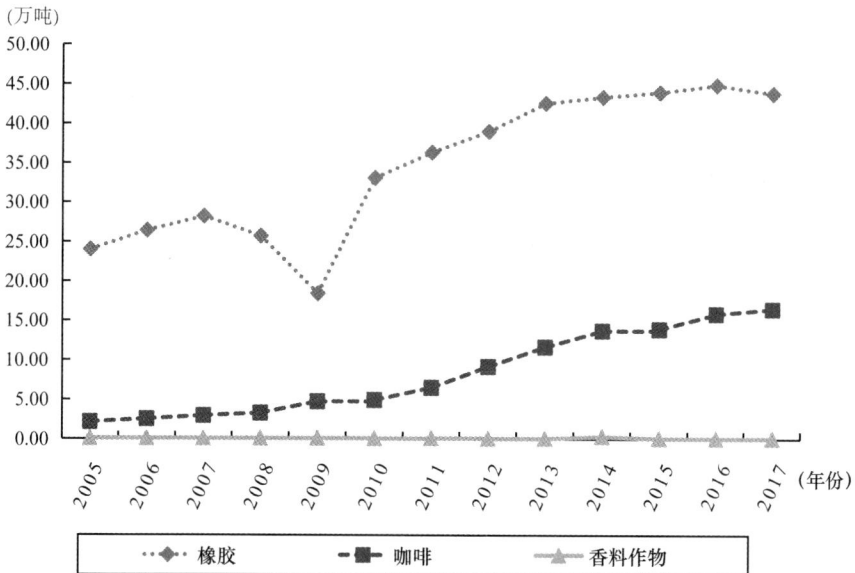

图 13 对外贸易经济作物总产量

数据来源:《云南省统计年鉴》。

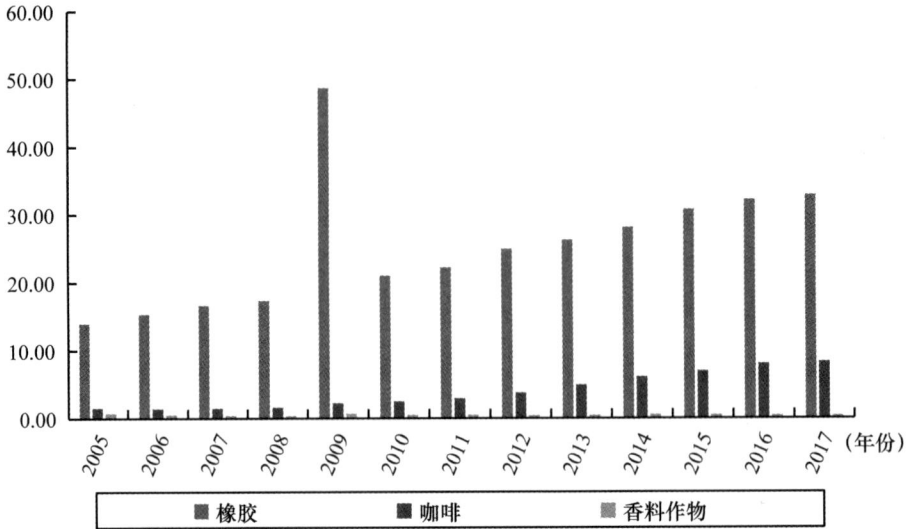

图 14　经济作物收获面积

数据来源:《云南省统计年鉴》。

表6　　　橡胶、咖啡和香料作物面积和产量（2005—2017 年）

（单位：万公顷、万吨）

年份	橡胶			咖啡			香料作物（折香料油）		
	年末实有面积	收获面积	总产量	年末实有面积	收获面积	总产量	年末实有面积	收获面积	总产量
2005	29.90	13.96	24.03	1.72	1.53	2.16	1.00	0.77	0.12
2006	33.41	15.33	26.42	1.84	1.42	2.54	0.70	0.53	0.09
2007	39.65	16.66	28.22	2.04	1.49	2.96	0.52	0.40	0.09
2008	43.58	17.35	25.72	2.43	1.62	3.29	0.45	0.38	0.10
2009	46.14	48.67	18.46	3.66	2.24	4.76	0.48	0.34	0.11
2010	48.67	21.04	33.06	4.31	2.50	4.94	0.60	0.52	0.08
2011	53.03	22.25	36.34	6.13	2.94	6.51	0.60	0.51	0.11
2012	55.64	24.95	38.98	9.23	3.76	9.18	0.50	0.40	0.07
2013	55.43	26.26	42.56	11.91	4.94	11.66	0.56	0.45	0.09
2014	57.10	28.12	43.33	12.21	6.12	13.71	0.68	0.58	0.33
2015	57.34	30.74	43.93	11.80	6.97	13.91	0.59	0.52	0.09
2016	59.17	32.19	44.86	11.70	8.05	15.84	0.48	0.43	0.08
2017	57.73	32.85	43.79	11.07	8.34	16.47	0.42	0.39	0.07

所以，基于以上分析和党的十九大报告做出的明确判断，我国经济已由高速增长阶段转向高质量发展阶段。相应地，将当前时代特征与云南特有的东南亚区位发展优势相结合，依托"一带一路"得天独厚的倡议背景，云南省可将目光聚焦于本土企业，在面向东南亚贸易合作的跨境企业的消费内需拉动、创新发展以及旅游业"绿色生态产业业态"建设中，从产业、旅游业、对外开放三个方面，有针对性、多层次地剖析全省经济高质量发展的长远布局。

（1）产业现状与未来高质量发展

云南省在产业高质量发展过程中，处于产业结构升级缓慢、产能过剩和"僵尸企业"长期存在、产业创新水平和效率低下以及产品长期处在价值链低端等现实困境；在创新高质量发展过程中，存在着核心基础技术创新"空心化"、专利薄弱以及创新转化率不高、合作效率低等问题。缺乏自主创新能力、创新产品稀缺，是云南省亟待解决的问题。本土企业如果一直是技术的模仿者，产业创新水平低，尽管这种模仿创新模式具有低投入、低风险、市场适应性强等优势，但也会使得云南省企业受到出让技术者的技术控制、技术壁垒和市场壁垒的制约，处在不利的被动地位。本土企业在技术路线、市场定位等方面形成低端的"路径依赖"，这将成为制约云南省经济高质量发展的主要障碍。互为因果地，当云南省能够依靠自主创新同时深度契合消费者需求的"创新"出拉动市场消费内需的各类产品时，它将会持续地推动全省经济发展以及满足"走出去"的战略要求。

近年来，云南省政府高度重视创新和技术进步对推动经济高质量发展和产业结构调整与升级的重要作用，在健全相关制度的同时大力支持科技研发、技术投入以及人才引进等措施，自主创新能力有了很大提高。这也部分归功于非税收入对经济发展的支持作用。从整体的发展战略来看，政府部门应给予企业更多的资金、税收方面的支持和补贴，完善非税收入政府资助系统，加大对企业创新的支持力度；鼓励产学研合作发展模式，并提供多形式、多层次的资金支持，形成"科研—转化—效益—科研"新型产业链，加快成果转化；提高要素市场交易的公开透明度，对资源类产品实现市场化定价，打破行业进入障碍，促进人才流动，破除城乡二元化发展体制，改善基础设施条件和提高资源配置效率，建立健全长效激励保障机制。政府应当积极鼓励和扶持本土企业发展，减少对竞争性行业的垄断和干预，鼓励民营企业进入关键性垄断行业，以提高效率。如云南白药集团以其配方垄断有效性占据了市场份额且满足了人们的消费需求。

（2）旅游业现状与未来高质量发展

云南省有着独特的区位优势以及优厚的旅游资源，旅游业的发达为增加云南省地区收入以及吸收就业人员发挥了重要的作用，带动了全省国民经济与社会发展及相关产业的发展。云南省也提出了"实现由旅游大省向旅游经济强省的历史性跨越，把旅游业培育成云南省战略性支柱产业"的发展战略。云南省旅游业内部结构升级缓慢，呈现出"低端惨烈厮杀，高端严重短缺"的态势。云南拥有发达的立体交通网络，有 20 多条出境公路，贵昆、成昆铁路及昆玉、昆曲等高速网络，但内部的景区景点较为分散，游客大量集中于诸如丽江、大理等开发较为成熟的景点，而对于像普洱、临沧这些地区开发的中华普洱茶博览苑等便无人问津，从而不能很好带动诸如普洱茶这样的"旅游经营副线"的发展，使得这些"偏僻"景区设施利用率不高，浪费了资源，也阻碍了云南旅游业的整体发展。相关配套服务不规范，管理制度不健全、不完善，信息对称渠道不通畅，使得旅游行政机构对于突发事件、投诉事件的处理不及时甚至无人受理，严重影响了云南省旅游品牌与形象的树立与宣传，间接导致云南旅游者的流失。

为了积极响应当今对生态环境建设的要求，"绿水青山就是金山银山"，促进云南省经济高质量发展，地方政府也为此做出了不懈的努力。云南省投资 150 亿元加快了交通建设的步伐，一大批重点项目进入了实质施工阶段，优化了城市交通循环，加强了与外界的沟通与联系。同时，出台云南省旅游服务质量监督管理办法，设立旅游争议仲裁中心。加强对生态环境的保护力度，比如以滇池为首的受污染河流专项治理，保护生物多样化。在此基础上，有保护地发展云南省旅游业，实现经济效益、社会效益、生态效益多丰收的局面。生态旅游的内涵强调的是对自然景观的保护，是可持续发展的旅游。针对云南旅游业的现状，我们在未来可以重点培育具有旅游产业附加值的旅游景区，不仅通过旅游来获取经济效益，同时可以吸引游客，让云南各地特色商品"走出去"，获得高附加值。此外，应注重对旅游环境的保护，限制景区参观的人流量等，将经济效益置于环境容量的框架体系之中，大力宣传资源节约、环境保护型旅游新方式。

（3）对外开放现状与未来高质量发展

云南省在对外开放高质量发展过程中，存在着出口产品质量低下、附加值不高、出口结构以加工贸易为主、创新水平低导致大量核心技术依赖进口等现实困境。云南省的外贸增长主要是数量扩张型增长，低附加值，出口贸易竞争力不强，形成了出口贸易规模进一步扩张的瓶颈，在出口产品质量、出口产品结构等方面仍面临着许多亟待解决的问题。如若一直以"数量型"模式发展，则无助于提高云南省的对外开放水平和质量。

近年来，云南省为了贯彻落实"一带一路"发展倡议，遵循共商共建共享原则，坚持"引进来"和"走出去"并重，培育贸易新业态、新模式，完成以建设面向南亚、东南亚辐射中心的目标，全力打通对外通道脉络，提高开放型经济水平。在国家政策的指导下，云南省大力扶植企业"走出去"，加强对外直接投资力度。云南省毗邻越南、缅甸、老挝三国的独特地理优势大致决定了它的对外开放合作对象。云南省对外直接投资集中于东南亚地区，且"一带一路"沿线国家投资成效明显。对外开放企业为了提升其面向东南亚的商品服务竞争力，则要健全关键设备、先进技术的稳定进口机制：政府提供资金等支持以鼓励当地企业大幅增加先进机器设备的进口，并积极进行消化吸收，大力开展自主创新活动，进行新一轮的技术改造；在吸收技术溢出的同时，加大企业研发力度和人力资本投入，提升本土企业原始创新能力和品质竞争力，实施正向激励机制和反向惩罚机制；针对云南特色产业及地方企业，利用非税收入这一巨大红利适度发展集群企业链，高效配置资源并控制不必要的人力、财力等浪费，将资源进行最优配置，大力发展高新技术产业，增加高新技术产业的自主出口度，实现商品结构由粗放、数量扩张型向集约、质量型转变，打造云南品牌化经济发展模式。

3. 经济对外开放现状

云南地处西南边陲，不具有临港贸易所拥有的自然力运输这一低成本方式，所以如何利用特有的区位优势发展地方经济，成为云南省亟待解决的问题。面向东南亚的发展新思路，为云南地区经济发展质的提升带来了希望。我们通过技术革新、产业创新、企业发挥资源优势，将产值有目的性地对外输出，以获得新的市场占有率和受众对象，扩大云南实体产业的境外市场份额，实质性地改善云南经济发展落后且结构发展不平衡的劣势。从表 7 中可以看出，云南所辐射的东南亚国家，诸如对缅甸 2017 年的出口总额高达 27.01 亿元，2017 年比 2016 年增长 8.6%；还有对越南的出口亦是可观的，2017 年同比增长达到 40.9%，足以可见区位优势的强大经济助力作用。而像孟加拉国、伊朗等国由于地理位置较远，呈现出负增长局面；至于日本，出现负增长的现象，我们必须清楚相比于日本这样一个发达国家，云南省存在技术落后等制约因素，日本是我们学习的对象。

表 7　　　　云南省对主要国家或地区的出口总额（2016—2017 年）

（单位：亿元，%）

	2016 年	2017 年	2017 年比 2016 年增长率
孟加拉国	1.22	0.50	− 58.9
文　莱	0.04	0.03	− 11.5
缅　甸	24.89	27.01	8.6
柬埔寨	0.50	0.61	22.6
朝　鲜	0.57	0.11	− 86.4
中国香港	25.13	18.54	− 23.9
中国澳门	0.42	0.28	− 33.4
中国台湾	0.96	0.88	− 7.0
印　度	3.49	3.82	9.4
印度尼西亚	4.28	5.19	21.4
伊　朗	0.25	0.08	− 66.9
以色列	0.12	0.12	3.1
日　本	1.68	1.41	− 15.8
约　旦	0.03	0.09	234.2
科威特	0.03	0.01	− 57.0
老　挝	2.10	2.44	15.8
新加坡	0.76	1.33	77.6
韩　国	1.97	1.29	− 34.0
斯里兰卡	0.31	0.18	− 42.1
叙利亚	0.03	0.01	− 48.6
泰　国	10.09	8.10	− 19.7
土耳其	0.13	0.17	35.1
越　南	13.90	19.57	40.9

随着我们对区位优势以及面向东南亚出口贸易战略定位的逐渐清晰，可以发现，自 2000 年至 2017 年（见图 15），云南省对外的进出口总额呈上升趋势，且出口总额远大于进口总额。凭借"一带一路"的

经济倡议政策，出口额在 2014 年左右达到峰值，之后出现了一定的波动性。从中可知，借助"一带一路"的顺风车，云南经济得到了一定程度的发展，但是由于缺少支柱型实体产业的支撑，贸易仍旧出现了一定的波动，所以面向东南亚的对外贸易急需我们建设和发展具有云南本土特色的实体产业，并孵化出一批优秀的实体企业。

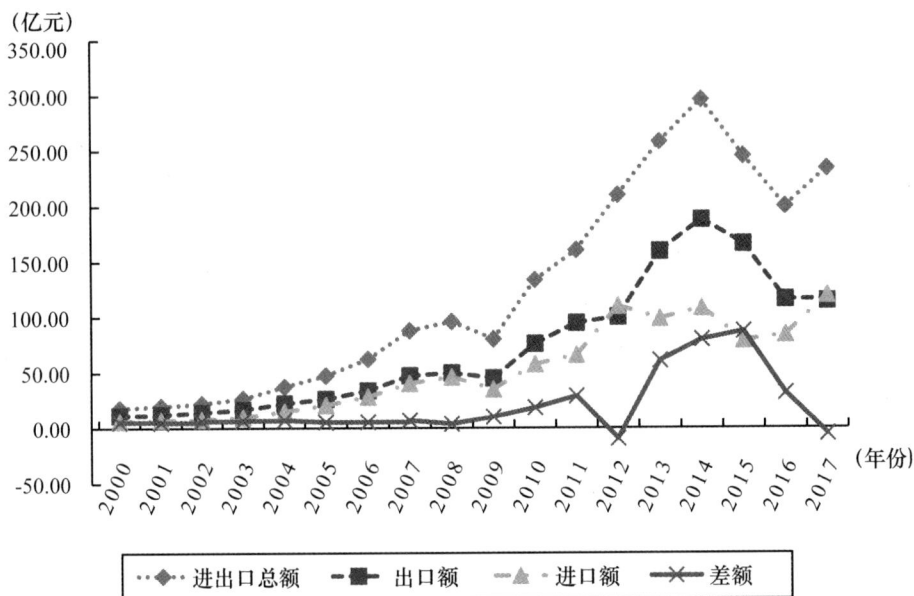

图 15　进出口贸易总额

资料来源：《云南省统计年鉴》。

4. 旅游业现状分析

云南省作为旅游大省，其丰富的物产、颇具历史底蕴的人文风景，一直是国内外游客首选的旅游胜地。云南旅游业的发展态势一直良好，从 2014 年开始，旅游总收入近似呈现线性增长，其入境游客中，不论是过夜游客还是一日游游客，都呈现较大增幅（见图 16）。同样，为了保持第三产业的蓬勃发展，云南省应从环境保护、制度管理等方面出台具体措施对旅游业业态加以规范，以期吸引更多中外游客。诸如景区门票收入等非税收入的管理，也是云南经济高质量发展的关键因素。将非税收入物尽其用，更好地发展各地区旅游业，旅游创汇则会带来更多的非税收入。这是一个良性的正向反馈循环机制，其最终都将为云南整体经济高质量发展贡献力量。

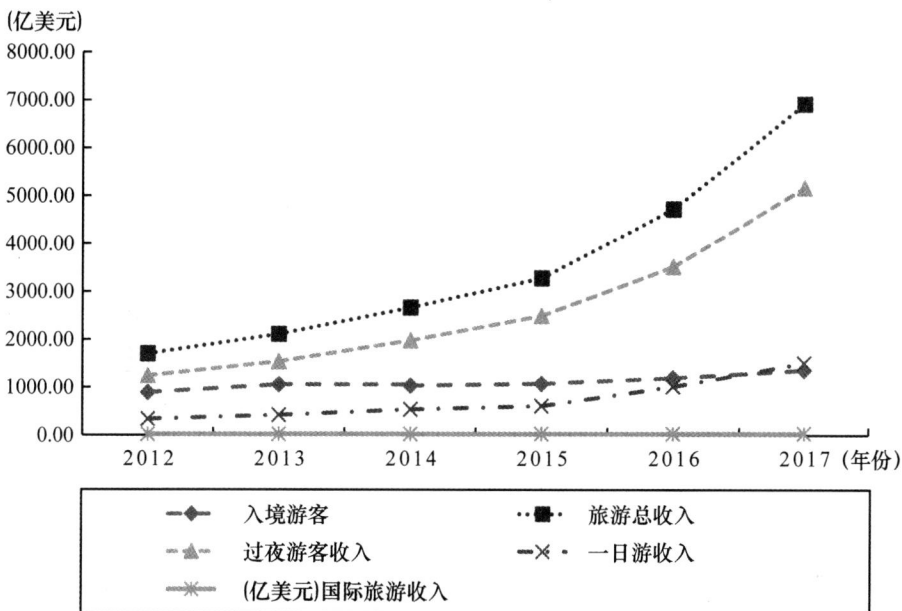

图16　云南省旅游业发展情况

资料来源：《云南省统计年鉴》。

云南省内各地区不同的边境口岸，其旅游收入也不尽相同。比如，德宏州的一日游游客人数以及它所带来的旅游创汇最为丰厚（见图17）。对此，云南省应转换发展思路，同步推进"双轨制"，如红河州的旅游业配以当地的应季热带水果，同步推进当地旅游业的发展和经济作物的销售。但是目前云南省所欠缺的是将各地的旅游业配以具备科技创新竞争力的实体产业群相融合，一体化地实现两端"双轨制"的同步发展，既可以满足旅游业的发展，又同步落实辐射东南亚的产业计划。

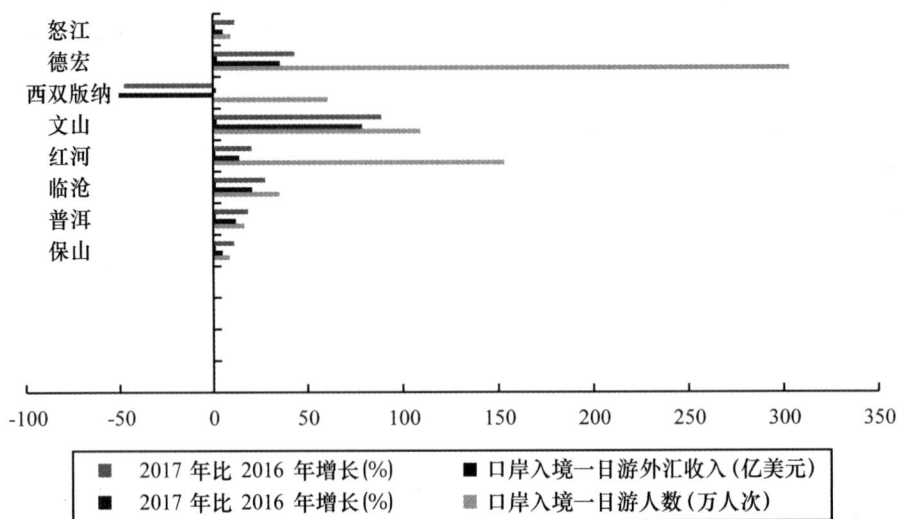

图17 云南省边境口岸入境一日游游客数及外汇收入

资料来源：《云南省统计年鉴》。

四 非税收入影响经济高质量发展的作用机制辩证分析

（一）非税收入影响经济高质量发展的宏观机制

从宏观上讲，非税收入来源于经济，只有经济发展了，非税收入才会有充足的来源。在非税收入制度基本稳定的前提下，非税收入总量的变化应该与经济总量变化相一致。如果其他条件不变，经济发展状况会对非税收入产生重大影响。如在经济发展放缓时期，可税 GDP 的比重会相应下降，非税收入增长就会相应放缓。如果非税收入增长脱离经济发展而持续过快，则可能严重削弱经济发展的后劲。反之，非税收入增长持续减缓，又可能削弱财政功能，影响宏观调控。因此，一国经济发展程度越高，生产力越发达，人均国民收入越高，国民收入能够转化为非税收入的可能性越高，整个社会的非税收入承受能力就更强。从实际情况看，在整个世界范围内，发达国家的税负水平确实普遍高于发展中国家。关于非税收入与经济发展的关系，较有代表性的是美国供应学派关于高额非税收入对经济发展有消极影响的观点。该观点源于分析非税收入对劳动和资本这两个生产要素所产生的影响。对劳动征收高额非税收入，劳动力实际收入下降，供应减少的同时劳动力成本提高，需求减少，从而造成劳动力的供求缺口，降低经济效率实现的可能性。同样，对资本需求者来说，高额非税收入使投资成本增加，将减少资本需求；而对资本供应者来说，高额非税收入降低了资本收益，资本供应也相应减少。由于高额非税收入的存在，生产要素的成本上升，收益下降，进而对经济发展产生不利影响。

在政府的收入规模和公共支出水平较低时，公共设施和公共服务供给短缺，增加非税收入的边际正效应，大于增加非税收入的边际成本负激励效应，而且这时征税的收入效应一般大于替代效应，即征税使投资者的收益降低，而投资者要维持相同的净收入，必须增加投资数量。这时，适当提高税收占比总体上有利于扩大投资和经济发展。但在非税收入规模已较大时再增大税收，由于边际收益递减法则，增税提供公共产品的边际正效应将不能弥补税收的边际成本，而且，税收的替代效应将大于收入效应，从而负效应占主导地位，继续提高税收占比总体上将不利于刺激社会投资和经济增长，其净效应取决于这两种作用力的相对大小。这两种影响力都是税收规模的函数，投资或经济发展不是非税收入的单调递增或递减函数。这种单调关系只能在一定范围内存在，超过某一点或限度后，非税收入的影响方向将会发生逆转。因此，非税收入与投资、经济发展是一种非线性关系，投资或经济发展是非税收入规模的凹函数。如图 18 所示，在税收负担率达到 T^* 之前，适当增加非税收收入可能能够刺激投资和经济增长，投资率占比和经济增长率呈上升趋势，但在宏观税负或财政负担超过 T^* 以后，继续增加税收或财政收入将使投资率和经济增长率下降。

因此，T^* 是使投资率或经济增长率最大化的宏观税负或财政负担率，投资率、经济增长率在拐点处达到最大值。

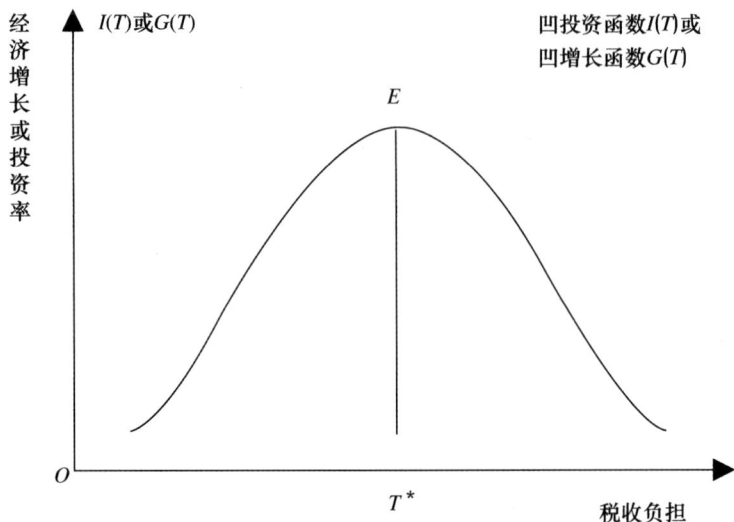

图 18　经济增长率（或投资率）与非税收入负担的凹函数

（二）非税收入影响经济高质量发展的微观机理

1. 非税收入和市场失灵

在市场经济，市场在资源配置中起着主导作用，但市场的调节并不完善，存在市场失灵。市场失灵现象表现为外部效应、竞争缺乏、公共品供给不足、信息不对称、分配不公等，存在盲目性、滞后性和自发性缺陷。市场经济的这些特点要求政府对经济进行宏观调控，其中收费等非税收入就是政府进行宏观调控的重要手段。当前，社会非税收入已经不是无关紧要的存在，而是与国家权力结构相关联的重要公共收入种类，并在某些方面发挥着税收无法取代的作用。利用收费、罚款等非税收入形式能有效地解决私人物品的负外部效应问题。例如，生产企业会污染周边环境，而且没有采取相应的管制措施，社会边际成本比私人边际成本高出很多，从而获取更多的利润。为了维护市场公平且保护环境，政府在这种情况下应该对企业征收排污费，并且把征收标准定在企业获取的额外利润水平以上，逼迫企业担负起治理污染的责任，使负外部成本内部化，起到限制产生负外部效应行为的作用。

以某空气污染企业为例来说明负外部性带来的福利影响。如图19所示，横轴 Q 代表企业的产量，纵轴 C 代表企业的成本费用，MC_1 曲线是该企业的生产边际成本，D 曲线代表整个社会对该企业生产产品的需求曲线（从单个企业的角度来看，D 曲线就是企业的边际收益曲线）。根据企业实现利润最大化的条件（$MR = MC$），可以得到在 A 点的时候企业会实现利润最大，此时 Q_1 就是均衡产量；但是由于该企业是空气污染企业，会产生负的外部性，其他企业的生产成本和费用便会增加，整个社会的边际成本曲线向左移动到 MC_2，此时的均衡产量由 Q_1 减少到 Q_2，这样一来，这个社会的福利就会减少，没有达到福利最大化的理想效果。但是单个企业并不会从整个社会的角度来调整自身的产量，政府只有通过收费等方式约束该空气污染企业的生产成本，使 $MC_1 + C'$ $= MC_2$。政府收费的额度 C' 恰好等于社会边际成本与私人边际成本之间的差额，这样通过非税收入不仅可以减轻负的外部性，还可以使整个社会的产量达到最优状态。

通过以上分析可以看到，在市场失灵和负外部性存在的情况下，市场调节在自然状态下就具有了自发性、滞后性、盲目性的缺点，这也是市场机制自身存在的缺陷。这就要求各级政府必须对经济进行宏观调控，运用各种经济调节手段来保证宏观经济的正常运行。宏观经济政策主要是由财政政策和货币政策协同的。财政政策包括运用税收政策、收费等手段。同样，政府可以通过各种形式的罚款和收费来减少负外部性的行为。由此可见，政府非税收入在市场失灵时是必然存在的，而且在整个宏观经济中具有非常重要的作用。

2. 非税收入和准公共物品

公共物品是具有非排他性和非竞争性的物品。依据公共物品非排他

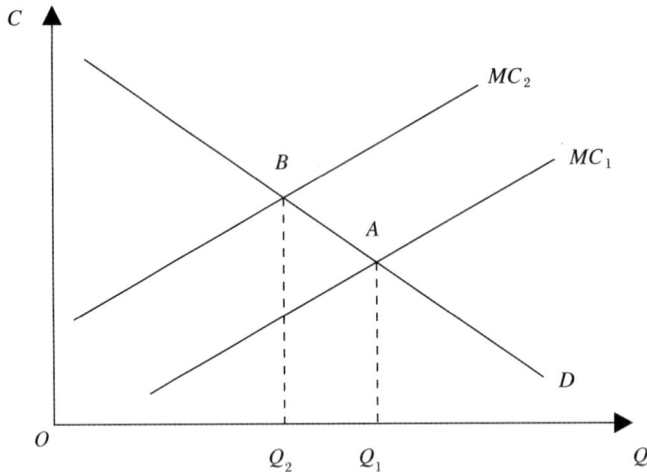

图 19　矫正负外部性分析

性、非竞争性的特征，公共物品可以被划分为纯公共物品和准公共物品。纯公共物品一般具有规模经济的特征。它在消费上不存在"拥挤效应"，不可能通过特定的技术手段进行排他性使用，否则代价将非常高昂。国防、国家安全、法律秩序等属于典型的纯公共物品；准公共物品的范围十分广泛，它介于私人物品和纯公共物品之间。政府出于对宪法、法律的遵从和满足公民基本权利与公平分配的需要，必须对某些涉及国计民生、国家安全、公民基本权利与利益的纯公共物品予以提供，但同时可以通过多种组织形式，利用市场资源配置和私营部门的经营与技术优势，有效地生产各种不同性质的准公共物品。这样既满足公平价值，又满足效率价值，并降低公共财政的支出规模，提高公众满意度。

所以，准公共物品既可以由政府部门来提供，又可以由私人部门提供，但是从效率的角度来看，由私人组织来提供准公共物品更加合理。如果由政府来提供社会准公共物品，将会采用税收的方式来补偿准公共物品的费用，社会全体成员共同承担这项费用，而由私人组织提供准公共物品，会依据利益最大化的原则，通过收费的形式补偿。因此，不完全符合非竞争性和非排他性的特点，也就决定了政府在提供准公共产品时，运用非税收入的方式实现资金补偿比征税更合理。这样，政府按照"谁受益谁负担，多受益多负担"的原则，更易于被受益者接受，同时可以有效避免出现"搭便车"现象，使公共产品的提供更加合理化，从而促使这类物品的分配效率和社会福利最大化。

3. 非税收入和国有资产

所谓国有资产，是指在法律规定的范围内，国家拥有所有权的一切资产，可以凭借对该资产的所有权进行占有、使用、收益和处置。国有资产可以分为行政性国有资产、经营性国有资产、资源性国有资产三类。行政性国有资产由国家行政机关所有，主要是由国家给各级行政事业单位的转移支付和国家所有的其他资产构成。行政事业单位一旦将该资产作为公共物品提供给消费者，对于这部分公共品的提供便会在行政事业单位内部产生一定的成本。因此，消费者为了补偿享受该公共品的成本必然要向政府上交一部分应该承担的资金，这部分资金便构成了政府非税收入的一部分。另外，行政事业单位办公设施出租所获得的费用、出让费用也是政府非税收入的一部分。经营性国有资产是所有权归国家所有、经营权下移给相关收益单位的资产，比如能源、石油、通信等领域。虽然国有企业在上述这些行业中存在垄断性，但是不可否认，国有企业对于经济发展做出了很大的贡献。国家作为国有企业的重要出资人之一，对于这部分国有资产，会以投资者的身份从中获取收益，主要表现为股息红利等。这部分投资收益也是非税收入的重要组成部分。资源性国有资产主要是指以国家自然资源为主的国有资源，比如矿产、山河、森林等。原则上，这些国有资源属于国家，但是为了提高资源利用率，国家有偿将这些资源交给某些开发商开发，由此政府可以得到矿产开发使用费、土地出让费、草原承包费等，这些费用都构成政府非税收入。由上分析可以看到，国有资产不可能无偿地交给个人或者企业去使用，也不可能以所有者的身份经营或管理如此多的国有资产，因此必须以收费、投资收益、开发使用费等形式使国有资产得到最有效的开发和利用。这也是政府非税收入存在的重要原因。

（三）非税收入对云南经济高质量发展的效应分析

1. 非税收入对云南经济高质量发展的正效应

（1）增强地方政府财力，支持基础设施建设

由经济增长理论可知，一个地区经济的快速发展需要有完善的基础设施、公共服务等的支撑，单纯依靠税收收入无法满足巨额的建设资金需要，因此，非税收入是一个很好的资金来源渠道。在传统的粗放式增长模式下，产业结构失衡、技术水平低下，导致环境质量下降，环境污染恶化；长期存在的城乡二元结构和非均衡发展战略，造成云南省基本公共服务均等化呈现出地区和城乡间的不平衡；在公共服务供给呈现碎片化的态势中，基础设施建设、各类资源的配置（尤其是教育资源和医疗卫生条件）差距明显。以上种种情况，在云南省税收收入被有限安排的情况下，用非税收入来弥补这些不平衡则起到不可替代的作用。

同时，市场机制的引入，以企业留利形式存在的预算外资金，在扩大企业自主性、增强企业市场主体地位和加快经济市场化进程方面发挥了巨大的作用。非税收入对增加国家宏观调控能力、调动地方各级政府和部门的积极性、弥补财政预算资金的不足、兴办公益事业、改善市场环境、增加公共基础设施、促进人力资本提高、直接投资于经济项目等以及促进地方经济发展起到了一定的促进作用，并促使了经济总量的提高。伴随着市场机制的引入，以企业留利形式存在的预算外资金，在扩大企业自主性、增强企业市场主体地位和加快经济市场化进程方面发挥了巨大的作用，非税收入体现出其对经济高质量发展的正面效应。

（2）弥补市场失灵，优化资源配置状态

良好的市场环境能有效保障地区经济实现稳定增长。但由于外部性的存在，市场机制的优越性无法得到充分发挥，市场会出现失灵，因此政府的介入和调节就显得尤为重要。瓦格纳定律表明：一方面，随着社

会和经济的发展，市场失灵因素的日益增多要求政府不断增加干预的广度和深度，因此，国家经济活动的范围会呈扩张趋势，经济增长和社会进步对公共服务的需求也会不断增加；另一方面，由于教育、文化、娱乐、健康等方面的公共消费需求弹性大于个人消费品的需求弹性，当GDP增长时，经济中的实际收入增长了，公共消费会以更快的比例增长，社会公共产品的需求量会不断增加。再加上政府职能扩张等因素，政府公共支出规模经济发展会不断增长，甚至超过经济增长的速度。作为公共支出主要来源之一的非税收入，其增长应该与经济的增长步调一致。

（3）调节收入分配，实现公平效率

公共物品是由政府通过财政支出无偿向社会公众提供的，这样所有人包括高收入者和低收入者都能够有机会消费到这部分公共物品。但是从现实状况来看，很大一部分低收入者是没有办法接触并消费到某些公共物品的，这在一定程度上阻碍了公平的实现，这时可以通过非税收入解决这个问题。但是非税收入调节收入分配，实现公平效率的功能必须在合理的征收标准下才能够发挥作用。比如，政府对用电部门进行生产补贴来降低用电的价格，收益较多的很有可能就是城市中用电量较大的企业或者用电大户，对于低收入者并没有因为电费的降低而享受到好处。因此，政府非税收入在调节收入分配的过程中是有条件的。在确立了合理的征收范围及方式后，非税收入就能够在收入分配的调节上发挥重要的作用，也有助于公平的实现。

（4）缓冲改革阻力，推进财政改革，为经济发展留足时间和空间

根据制度经济学理论，一个国家和地区在经济发展过程中，除了投入大量的生产要素之外，制度因素也发挥了重要的作用，它决定了生产要素的使用效率。分税制改革以来，我国重新构建了中央和省级政府间的财政体制框架，这样的改革方向使得地方政府承受了更大的财政压力，地方政府改革的积极性逐渐被削弱。但是由于非税收入的存在，地

方政府改革压力得以缓冲。非税收入是留给地方政府税收之外的另一条筹资渠道，在一定程度上保障了地方政府拥有充足的财政收入，缓解了来自政府间利益再分配的阻力，降低了地方对改革的排斥情绪，也给地方政府合理规划地方经济发展的方向、目标留存一定的时间和空间，从而促进地方政府经济的进一步发展。

2. 非税收入对云南经济高质量发展的负效应

拉弗曲线表明，税收并不是随着税率的增高在增高。当税率高过一定点后，税收的总额不仅不会增加，反而还会下降。因为决定税收的因素，不仅要看税率的高低，还要看课税的基础即经济主体收入的大小。过高的税率会削弱经济主体经济活动的积极性，因为税率过高，企业只有微利甚至无利，企业便会心灰意冷，纷纷缩减生产，使企业收入降低，从而削减了课税的基础，使税源萎缩，最终导致税收总额的减少。当税收达到100%时，就会造成无人愿意投资和工作，政府税收也将降为零。拉弗曲线的结论同样适用于非税收入。当前我国省级地方政府非税收入普遍过高，从 2007 年开始，云南省的非税收入一直呈上升趋势，庞大的非税收入规模对经济发展必然产生一定的负面效应。

（1）加重企业负担，阻碍资本形成

政府非税收入膨胀，各种政府收费异常增长，必然加重作为非税收入缴纳主体的企业的负担，抑制企业的生产积极性，阻碍社会资本的形成。企业的生产及扩大再生产能力与企业所承受的成本负担直接相关。云南省企业除了负担必须缴纳的各类税收之外，还要向政府及相关部门缴纳各种"非税"费用，这也是加重企业负担的重要因素。企业是承担各种费用的主要对象。随着社会分工的深化、专业服务的发展以及市场化进程的推进，企业用于购买各种服务包的成本支出必然不断增长，这符合市场经济发展的客观趋势。在服务与货币交换中，如果遵循的是自愿和等价的原则，企业自然会根据成本—效益分析，选择最佳的服务与价格组合，从而增进企业的经济效益。但是现行的收费却远远超越了正常交易的范围，这其中不乏包括一些预算外社会收费和集资摊派，而且有些收费属于硬性摊派、强制征缴，不管企业是否实现了本年度的销售收入和利润。这样一来，企业等生产经营者的缴纳负担便超过了其正常的纳税负担，使资金周转陷入困境的企业更是不堪重负。企业为了维持其正常的经营发展，不得不采取转嫁负担或是以费挤税的方法以减少费用对企业发展的负面影响。其结果导致物价上涨，产品缺乏竞争力，企业经营效益下降，国家财政收入减少，严重时企业干脆停业，经济发展受阻。不将非税收入纳入预算管理，导致大量的资金游离于预算管理之外；而制度外收入更是大量存在，导致我国税收负担率不高，但国民经济总体负担率却较重，不利于经济高质量发展。

（2）软化预算约束，扰乱市场运行机制

严格的财政预算能有效约束政府的收支能力，维护市场机制的正常运行。当前，大量的非税收入游离于严格的监管之外，给予地方政府轻松获得资金的权力，加重了企业和个人的负担，抑制了市场的生产积极性，扭曲市场价格机制的形成，误导企业的生产经营方向，使市场无法形成合理的经济预期，不利于经济的可持续发展。例如，现今许多行政部门利用管理中的种种弊端和漏洞谋取收费资金，以达到其自身福利最大化，这部分非税收入并非取决于财政分配和经营能力，而是主要取决于其垄断优势和收费能力，各企业缴费的多少还受到企业自身与相关部门谈判能力的影响。

（3）阻碍要素流动，不利于资源优化配置

由经济发展理论可知，一个地区的经济发展不仅取决于生产要素的积累，与生产要素的边际产出效率也密切相关，要素生产效率高的地区往往要比生产要素低的地区经济发展更快。而生产要素的流动总是从效率较低的区域流向效率较高的区域，因此生产要素的流动机制正是提高边际产出效率的微观基础。生产要素的有效流动很大程度上取决于要素所有者掌握信息的完全度，一般来说，要素生产者是无法完全掌握不同地区的要素生产率信息的，当信息不对称问题存在时，将使得生产要素的配置难以达到最优化。非税收入和税收收入都是影响要素生产效率的重要因素，在其他条件相同的情况下，非税收入决定了生产要素的流动方向和强度。而目前我国地方政府非税收入具有隐蔽性、灵活性和非规范性的特点，它在财政收入中的占比越高，就越会大大降低财政信息的透明性和可比性，从而增加要素所有者获取信息的成本，难以获取全面的要素信息，阻碍生产要素自由、高效流动，导致资源配置效率低下，不利于经济的长期稳定发展。

（4）加剧社会分配不公，败坏社会风气

马克思政治经济学的基本原理是"劳动创造价值"，社会主义分配的基本原则是"按劳分配"，劳动报酬应与贡献相一致，只有这样才能形成高效率的激励机制。而现今许多行政部门利用管理中的种种弊端和漏洞谋取收费资金，以获得优越的办公住房条件、高额的奖金津贴。这部分收入并非取决于财政分配和经营能力，而是主要取决于其垄断优势和收费能力，各企业应交费用的多少还受企业自身与政府谈判能力的影响。按照收费资金管理的有关规定，每项收费所取得的收入均有具体的使用途径和支出方向，必须专项专用，然而现实中却成了各单位、部门的"小金库"。收费规模与单位的利益正相关，这就形成了各部门间的收费攀比，这正是乱收费屡禁不止的根本原因。如果收费制度的框架设计使收费所得与部门的权力和利益相联系，必然造成人们致力于谋求权力和扩大自己的权力。

3. 云南经济高质量发展对非税收入的反作用影响及最优效用抉择

随着云南省 GDP 总量的不断提高，可供分配的"蛋糕"越来越大，即扩大了非税收入的来源，促进了非税收入的增长。随着社会经济的发展，政府提供的公共服务日益增多，所管理的社会事务也日趋复杂。为了与政府所提供的各项具备深度和广度的公共性服务、设施等相配套，相应地，地方政府对企业和公众的收费项目或领域也不断增多。这是一个良性循环:当非税收入充当积极因素,弥补税收收入不足,解决地方资金短缺问题,从而对云南本土、跨境企业乃至行业提供了强有力的资金扶持,云南就可以借机发展其特色产业,获得经济价值并积累一定资本,为再投资和扩大再生产提供资金保障,最终获得利润增长。这样一来,云南所吸引的大量投资落地必然也给其带来了对公共性商品、服务等的需求,使收取相应的非税收入成为现实,非税收入也随经济的高质量增长而同步增加。

非税收入对于经济高质量发展,有利有弊,充分分析非税收入对于云南省经济高质量发展的影响程度,要因地制宜地考量非税在云南省应该"深入"的度;同时,应观察到经济高质量发展以后所产出的附加值对于非税收入的反作用程度。高质量发展不仅依赖于经济规模和增速,还包括了民生福利的持续改进和生态文明建设,所以非税收入对于经济高质量发展的影响应该是辩证的。一方面,通过非税征收这一渠道,可以吸引一批发展前景好且具备缴纳非税要求的大项目落地,尤其是大力发展资本技术密集型、含税高的新兴产业,促进产业转型升级,激发支柱产业走出困境,焕发生机,解决近年来传统企业税源匮乏的问题,提高经济发展质量和企业经济效益,同时可以获得充足资金基础打造云南的高品质经济,如基础设施、科技创新、人才引进等。此外,可以助力云南省旅游业的发展,解决产业比例不协调的问题。尽管旅游业的产值通常比工业低,对 GDP 的贡献也没有工业大,但一般来说,它没有库存,能够实现现实的非税收入。另一方面,非税作为政府财政赤字等的有效补充途径,过度地对企业征收非税,且在征收机制目前尚未完全畅通的情况下,严重侵蚀了企业利润,阻碍了企业的深化发展和技术创新。同时,在这样的税收大环境下,政府职能机构预期无法在短期内采取大规模的减税措施来减轻实体企业负担,故会阻碍经济的高质量发展。

我们将云南省经济发展分为不同阶段来探究非税收入的经济增长效

应变化过程。首先，在地区经济发展的初始阶段，非税收入能够有效补充地方财政资金，支持地方的基础设施建设，提供社会公共服务产品，满足地方经济建设的需要，因此，这一时期的非税收入能够促进地方经济的增长。但随着经济的不断发展，经济的环境与质量在逐步提高，地区的税收收入逐渐充足，税收收入能够保证地方经济高质量发展的需要，此时地方政府再征收大量的非税收入只会加重居民和企业的经济负担，抑制地方经济的可持续增长，这时的非税收入则变成阻碍地方经济发展的掣肘。综合上述两者，结合云南经济发展的具体阶段，做出适合云南经济发展的非税收入最优抉择，是本文研究的最终目的。

五　经济高质量增长指标的量化评定：基于 AHP 的视角

党的十九大报告提出了经济高质量增长的概念，但如何判定经济是否属于高质量发展目前暂无明确的衡量指标。并且，由于不同省市面临着不同的发展现状，例如云南省具有丰富的旅游资源，但是交通却相对没有沿海地区发达，故设定一个衡量经济高质量增长的指标十分必要。传统的研究方法多采用专家型模型的方法，即用专家判断替代统计结果。但是专家们凭经验判断一般只能得出一个感性的结论。例如对 10 个指标进行重要性排序，专家们或许可以做到（指标越多难度越高），但要让专家对每个指标给出确定的重要性比重，就难以实现了。因此，本文选用层次分析法（Analytic Hierarchy Process，AHP）建立一个相对专业的经济高质量增长指标。

（一）层次分析法在经济高质量增长指标评定中的应用过程

层析分析法是由美国著名运筹学家萨蒂（Saaty）教授提出的一种定性与定量相结合的多准则的决策方法，它能够实现将专家的感性判断转化为量化权重的目的。具体来讲就是,将需要解决的问题先按照层次化和条理化的原则分解为相关的要素,再将分解得到的要素按照层级的高低进行分层,将决策问题由上至下地拆分为目标、准则、方案等几个部分,按照一定的标准让高层次的元素支配位于较低层次的元素,并用一定的数值对其进行量化。层次分析法主要由以下几个步骤构成:初始指标池设立、指标筛选、权重计算、指标调整、权重调整、基准测试等。其中,指标筛选和权重计算需要依赖层次分析法处理专家访谈的结果。运用层次分析法处理专家访谈的结果的优势在于,专家仅需要选取指标并对指标的重要性进行排序,而不需要专家对每个指标给出确定的重要性比重。通过对经济学多个研究领域专家的走访,采用"最小—最大标准化"方法将各指标原始数据转换为无量纲化指标测评值,进而赋予一定的权重加总获得经济增长质量指数。该方法获得的经济增长质量指数可以最大限度地排除专家主观情绪的影响,使经济增长质量指数更加客观公正,具有研究价值。

1. 初始指标池设立

初始指标池是指人为收集的、可能与违约相关的所有指标组成的指标集合,以供专家根据自身经验从中挑选与违约有高相关性和敏感度的指标。指标可以根据不同类别划分多个大类,在每一个类别之下容纳了具体指标,由此构成初始指标池。初始指标池的建立通常遵循以下原则:第一,指标应具有独立性。指标池围绕着信用评级目的分层次展开,每个指标要内涵清晰,同一层次的各指标间应尽量不存在因果关系。第二,指标具有代表性和差异性。每个指标应能良好地反映研究对象某方面的特性,且指标间也应具有明显的差异性。第三,指标具有可获得性。指标应有稳定的数据来源,含义明确,标准一致,易于收集。

2. 指标筛选

指标筛选是指由专家从初始指标池中筛选出目标指标,即依赖专家以往的审批经验,逐个判断初始指标池中哪些指标对客户信用风险评级有显著影响并较易获得，将这些指标挑选出来汇集成一个层次分明的初步指标集合。这种方式不会因预设一系列推荐指标而影响专家的独立判断，从而使专家在筛选指标时能够有更全面的考虑。

3. 权重计算

权重计算即由专家对挑选出的指标进行重要性比较，即在每一层内对指标进行两两比较，形成比较矩阵，并进而转化为指标权重。与传统方法相比，层次分析法仅需要专家对各指标的重要性进行排序，无须提供具体的权重数值，减少了个人的主观性判断。

4. 指标调整

指标既要全面反映经济的高质量增长，又要尽量避免指标含义重复，同时减少因指标数量过多造成的人为操作困难，故根据权重计算结果，去除权重较小的指标，使最终指标总数控制在合理范围内，一般为每类 2—5 个为宜。

5. 基准测试

确定后的权重指标需要通过基准测试以验证其合理性。故将根据云南省的经济历史发展数据与云南省的实际经济发展状况相结合进行基准测试，通过基准测试的指标是经济高质量发展的最终量化指标。

（二）层次分析法下云南省经济高质量增长指标的评定

1. 初始指标池的设立与筛选

初始指标池的建立是一个逐步累积的过程，指标的涵盖范围一般来说包括常用的一些通用指标及与研究对象相关的独特指标。根据性质不同，这些指标可分为定性指标与定量指标两个大类。其中，定性指标主要包括经济增长开发程度、经济增长创新能力、经济发展共享程度、经济发展协调水平等，定量指标主要包括产业价值创造水平、产业价值实现效率、产业价值转化成效等。在每个类别之下，进一步列举了更为具体的二级指标，以供专家对其进行选择判断。

基于以上原则，我们认为涉及经济增长质量的指标中，产业价值创造水平、产业价值实现效率、产业价值转化成效三个指标是较为适合对云南省经济增长质量进行衡量的。其中，产业价值创造水平由创新、成本、产品、经济增长、经济效益和经济效率来衡量；产业价值实现效率由负担水平、开发合作、结构优化程度来衡量；产业价值转化成效则以环境效益以及人才及创新能力来衡量。具体如图20所示。

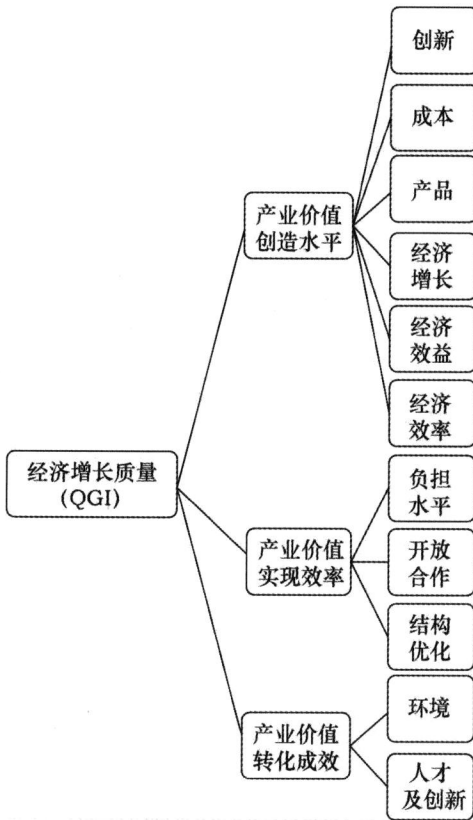

图20　经济增长质量评价指标体系层次结构

指标筛选是指由行业专家从初始指标池中根据经验挑选与经济高质量发展具有高度相关性的指标，依赖专家以往的审批经验，逐个判断初始指标池中的哪些指标有显著影响且较易获得，将这些指标挑选出来汇集成一个层次分明的初步指标集合。这种方式不会因预设一系列推荐指标而影响专家的独立判断，从而使专家在筛选指标时能够有更全面的考虑。专家的选定原则是挑选在该领域最有经验的一批人，人员总数不宜过多，一般在 10 人左右。每位专家要做两件事：一是判断指标的分类是否合理、全面，在定性、定量指标中给出的各指标类别是否有遗漏或重叠，是否有不必要或应删除的类别存在；二是判断现有指标哪些应该保留，哪些应删除，以及应补充哪些必要指标，并给出理由。删除指标的理由一般包括：指标与经济高质量发展相关性较弱或不存在相关关系；两个及以上指标在经济意义上存在重复；指标数据难以获取或难以得出有效结论。在对专家意见进行收集后开始整理，对专家团队中半数以上专家建议删除的指标进行删除处理，原则上在每个大类中至少保留 2 个指标，每个大类中选择建议保留的专家数量最多的前 2 个进行保留。经过专家筛选，最终指标减少至 11 个，定性指标减少至 3 个。具体如表 8 所示。

表 8　　　　　　　　　　　层次分析法确定指标

要素名称	要素权重	指标分类	类别权重	最终指标	指标权重
定性指标	100%	产业价值创造水平（α）	60%	创新（α_1）	15%
				成本（α_2）	10%
				产品（α_3）	10%
				经济增长（α_4）	9%
				经济效益（α_5）	8%
				经济效率（α_6）	8%
		产业价值实现效率（β）	20%	负担水平（β_1）	8%
				开放合作（β_2）	6%
				结构优化（β_3）	6%
		产业价值转化成效（γ）	20%	环境（γ_1）	10%
				人才及创新（γ_2）	10%

2. 指标权重的确立与调整

权重计算即由专家对挑选出的指标进行重要性比较，即在每一层内对指标进行两两比较，形成比较矩阵，并进而转化为指标权重。由于上述指标具有不同的性质，直接加总后无法反映不同作用力的综合结果，故采用"最小—最大标准化"方法将各指标原始数据转换为无量纲化指标测评值，进而赋予一定的权重加总获得经济增长质量指数。为了避免权重赋值带有过度的随意性，影响对经济高质量发展评估的可靠性程度，最终决定对各权重的赋值采用均等权重法与专家访谈法相结合的方式来进行。

由目前拟确定的经济指标，我们得到以下公式：

经济增长质量 = α 产业价值创造水平 + β 产业价值实现效率 + γ 产业价值转换成效 (1)

其中：

产业价值创造水平 = α_1 创新 + α_2 成本 + α_3 产品 + α_4 经济增长 + α_5 经济效益 + α_6 经济效率 (2)

产业价值实现效率 = β_1 负担水平 + β_2 开放合作 + β_3 结构优化 (3)

产业价值转化成效 = γ_1 环境 + γ_2 人才及创新 (4)

各权重参数的赋值将由专家法确定，其中：

$$\alpha + \beta + \gamma = 1$$
$$\alpha_1 + \alpha_2 + \alpha_3 + \alpha_4 + \alpha_5 + \alpha_6 = 1$$
$$\beta_1 + \beta_2 + \beta_3 = 1$$
$$\gamma_1 + \gamma_2 = 1$$

在对各指标的权重进行计算时，首先，请每位专家独立填写经济高质量发展相关指标的调查问卷，令其对调查问卷中的指标进行相互比较，并在对指标的两两比较中挑选其认为更重要的指标打勾。如果专家认为两个指标位于同等重要的位置，则可同时对其打勾。然后，将调查问卷的结果转化为比较矩阵。在这个过程中，我们根据云南省经济高质量发展相关指标的自身特点，将层次分析法标准中的标度方法修改为三标度法，即当指标 A 与指标 B 相比更为重要时，则对 A 赋值为 2、对 B 赋值为 0；当指标 A 与指标 B 重要性程度相近或基本相同时，对 A 与 B 同时赋值为 1。这种办法的好处在于，在对运算结果几乎不产生影响的前提下，可有效地降低相关专家的判断难度。转化得到的比较矩阵如表 9 所示。

表 9　　　　　　　　　　　专家给出的比较矩阵

指标	产业价值创造水平	产业价值实现效率	产业价值转化成效	总和
产业价值创造水平	1	1	2	4
产业价值实现效率	1	1	1	3
产业价值转化成效	0	1	1	2

　　其次，需要使用极差法将比较矩阵转化为判断矩阵，对判断矩阵进行一致性检验，检验通过后再将特征向量"归一化"，即可得到各指标的权重。其中，$C_{ij} = C_b^{(r_i - r_j) \div R}$，通常 R 取值常数 9，$R = r_{max} - r_{min}$，R 即极差法中常常提到的"极差"。再次，需要对判断矩阵进行一致性检验，目的是避免判断矩阵出现逻辑错误，比如三个指标的重要性排序出现相互矛盾的情况。单个专家判断矩阵的一致性检验通过后，将全部判断矩阵以几何平均的方式形成综合判断矩阵，以反映全部专家的集体意见，并再次对综合判断矩阵进行一致性检验。综合判断矩阵一致性检验通过后，将特征向量"归一化"即可得到指标在该层级的相对权重，并按此方法逐步推导出各层级指标的相对权重。转化得到的判断矩阵及最终得到的指标权重如表 10、表 11。

表 10 转化得到的判断矩阵

	产业价值创造水平	产业价值实现效率	产业价值转化成效	几何平均	权重
产业价值创造水平	1	3	9	4.333333	0.692595
产业价值实现效率	0.33	1	3	1.443333	0.230687
产业价值转化成效	0.11	0.33	1	0.48	0.076718

表 11 最终层级指标相对权重

指标分类	类别占比	类别权重	最终指标	指标占比	最终权重
产业价值创造水平	60%	0.692594566	创新	15%	0.173149
			成本	10%	0.115432
			产品	10%	0.115432
			经济增长	9%	0.103889
			经济效益	8%	0.092346
			经济效率	8%	0.092346
产业价值实现效率	20%	0.230687267	负担水平	8%	0.092275
			开放合作	6%	0.069206
			结构优化	6%	0.069206
产业价值转化成效	20%	0.076718167	环境	10%	0.038359
			人才及创新	10%	0.038359

3. 指标调整及基准测试

指标既要全面反映云南省经济高质量发展的特点，又要尽量避免其含义重复，因此一般需要根据指标权重的计算结果，去除权重过小及明显存在不合理的指标，以保证指标总数的合理性及指标权重的有效性。从层次分析法所最终确定的指标权重的结果来看，本文所选取指标的权重都在合理范围之内，且每类指标的数量均控制在 2—5 个，因此可以认为产业价值创造水平、产业价值实现效率、产业价值转化成效三个指标用于衡量云南省经济高质量发展是较为合理的，不需要对指标进行进一步调整。此外，从云南省的历史经济发展数据与其近年来实际的经济发展状况结合来看，所选取的三个指标在理性程度上和云南省实际情况是相关的，即通过了基准测试，将其作为云南省经济高质量发展的最终量化指标是比较合理的。

六　云南省非税收入与经济高质量
发展关系的实证分析

（一）云南省非税收入规模与经济高质量发展关系的实证研究

1. 经济增长质量指数的测算

本文运用层次分析法建立了一个经济高质量增长指标模型，并通过该方法对专家访谈结果进行处理，运用专家法并进行测算，最终确定了经济高质量增长指标中各方面的权重。产业价值创造水平的权重（α）为 0.692595，产业价值实现效率的权重（β）为 0.230687，产业价值转化成效的权重（γ）为 0.076718；产业价值创造水平方面的 6 个指标——创新、成本、产品、经济增长、经济效益和经济效率的权重（α_1、α_2、α_3、α_4、α_5、α_6）分别为 0.173149、0.115432、0.115432、0.103889、0.092346、0.092346，产业价值实现效率方面的 3 个指标——负担水平、开发合作、结构优化程度的权重（β_1、β_2、β_3）分别为 0.092275、0.069206、0.069206，产业价值转化成效方面的 2 个指标——环境效益、人才创新的权重（γ_1、γ_2）分别为 0.038359、0.038359。

在经济增长质量指数的测算中，考虑到数据的可得性，本文将产业价值创造水平部分测算指标细化如下：①创新指标反映产业价值创造的技术含量、科技创新的能力，用全社会研究与发展（R&D）活动经费占地区生产总值的比重表示；②成本指标反映产业价值创造的"低投入"水平，用产能利用率表示；③产品指标反映产业所创造价值形式与内容的质量水平，用第三产业增加值表示；④经济增长指标反映产业价值创造的基础，用云南省人均生产总值表示；⑤经济效益指标反映产业价值创造"高产出"水平，用利润增长率表示；⑥经济效率指标反映产业创造价值的高效程度，用全要素生产率增长率（TFP 指数）表示。产业价值实现效率方面的测度有：①负担水平反映产业在竞争中的抗压能力，用资产负债率表示；②开放合作水平反映对外开放水平，用云南省对外直接投资额表示；③结构优化程度反映产业在竞争过程中的内部协调整合能力，考虑到云南省丰富独特的旅游资源，所以选用云南省旅游业占云南省地区生产总值比重进行测度。产业价值转化成效方面的指标细化有：①环境指标反映产业在环境保护方面做出的努力和贡献，用环保能力建设资金使用总额表示；②人才及创新指标反映地方创新再创造的能力和潜力，用科研人员所占比重表示。

确定了权重以及对各个指标进行细化之后，运用公式（1）、（2）、（3）、（4）可以测算出云南省经济增长质量指数，更加专业、严谨地反映出云南省经济高质量发展水平。测算出的云南省经济增长质量指数如图 21 所示，从中可以看出经济增长质量指数呈不断上升的趋势，说明云南省的经济呈现出由追求经济发展速度到逐渐追求经济发展质量的转变过程，保证经济又快又高质量地发展。

2. 统计数据选取及来源

（1）非税收入规模

本文将选取云南省非税收入总额作为指标来衡量云南省非税收入的规模，用 NTR（Non－Tax Revenue）表示。数据来源于云南省统计局以及云南省统计年鉴。由于能获取的数据有限，本文的研究时间为 2007 年至 2018 年。

（2）经济发展水平

由文献研究得知，经济增长水平会影响一个地区的非税收入。所以，本文选取云南省的地区生产总值作为经济发展衡量指标，它能够反

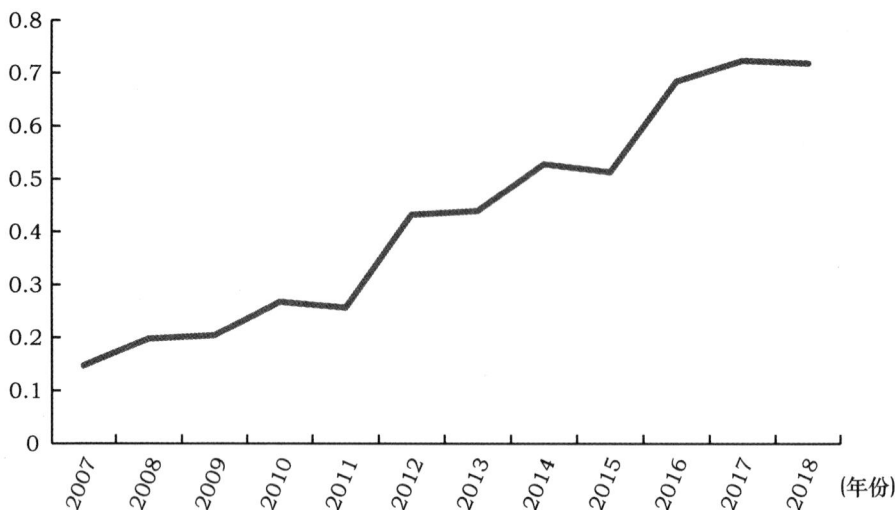

图 21　2007—2018 年云南省经济增长质量指数

资料来源:《中国统计年鉴》《云南省统计年鉴》计算得出。

映云南省的经济实力, 用 GDP 表示。数据来源于云南统计局发布的《2018 年云南统计年鉴》。

(3) 经济高质量发展水平

经济高质量发展水平由测算出的云南省经济增长质量指数进行衡量, 用 QGI 表示。该指数通过层次分析法以及专家法衡量测算得出, 具有一定的参考性以及专业性。

3. 描述性统计 (见表 12)

表 12　　　　　　　　　　　　描述性统计

变量	均值	标准差	偏度	峰度
NTR	359.5917	207.39332	0.189626	1.472750
GDP	10826.5533	4409.84795	0.079823	1.730810
QGI	0.420747	0.2116021	0.150048	1.610459

4. 平稳性检验

为了消除时间序列可能存在的异方差，我们对三个指标进行对数处理，记为 LNTR、LGDP、LQGI（见表 13）。

表 13　　　　　　　　　　ADF 单位根检验结果

序列	ADF 值	P 值	结论
LNTR	-0.757899	0.9260	不平稳
dntr	-7.120248*	0.0022	平稳
LGDP	-0.844881	0.9199	不平稳
DGDP	-5.299121**	0.0129	平稳
LQGI	-2.754086	0.2396	不平稳
DQGI	-7.418617*	0.0010	平稳

注：（1）*、**、***表示为 ADF 检验分别在 1%、5%、10% 的水平下显著；（2）D 表示一阶差分。

由 ADF 单位根检验可以看出，被解释变量与解释变量的对数序列均要接受单位根存在的原假设，都为不平稳序列；而一阶差分序列的 P 值均小于 0.05，则可以在 5% 的置信水平下拒绝单位根存在的原假设，即检验结果都为平稳。所以，三个变量均为一阶单整序列，满足协整检验和格兰杰因果检验的前提。

5. 协整检验

多变量的协整检验一般选择 Johansen 协整检验。该检验是通过迹检验和最大特征根检验来得出多个变量之间是否存在着协整关系，即变量之间是否存在着长期稳定的关系（见表 14、表 15）。

表 14　　　　　　　　Johansen 协整检验——迹检验结果

协整个数	特征根	迹检验值	5% 临界值	概率
NONE*	0.962058	38.41331	29.79707	0.0040
AT MOST1	0.419243	5.696262	15.49471	0.7311
AT MOST2	0.025862	0.262026	3.841466	0.6087

表 15   Johansen 协整检验——最大特征根检验结果

协整个数	特征根	最大特征根统计量	5%临界值	概率
NONE*	0.962058	32.71705	21.13162	0.0008
AT MOST1	0.419243	5.434236	14.26460	0.6863
AT MOST2	0.025862	0.262026	3.841466	0.6087

从表 13、表 14 的结果中可以看出，原假设 None 表示没有协整关系，该假设下无论是迹检验值还是最大特征根检验统计量都大于 5%的临界值且概率 P 值均小于 0.05，说明在 5%的显著性水平下可以拒绝原假设，即非税收入规模、地区生产总值、经济增长质量指数三个变量之间存在且只存在一组协整关系。所以，非税收入与经济发展水平、经济高质量发展水平之间存在长期稳定的协整关系。

6. 模型构建及相关性检验

（1）非税收入对经济高质量发展的影响

以云南省非税收入总额作为解释变量，地区生产总值、经济增长质量指数作为被解释变量，四个被解释变量分别与解释变量做两次一元回归，看其相关性。模型如下：

$$LGDP = 0.658437LNTR + 5.449239 \tag{5}$$
$$(13.14006) \qquad (18.95407)$$

$$R^2 = 0.945254; \bar{R}^2 = 0.939779; F = 172.6613;$$

$$LQGI = 0.836249LNTR - 5.770563 \tag{6}$$
$$(12.49019) \qquad (-15.02225)$$

$$R^2 = 0.939761; \bar{R}^2 = 0.933737; F = 156.0048$$

从回归方程（5）、（6）中，可以看出非税收入与地区生产总值以及经济增长质量指数都呈现出正相关的关系，判定系数 R^2 都很高，说明方程的拟合效果较好。F 统计量的值远大于临界值，且两个方程中

LNTR 的 t 值也通过了显著性检验，这说明非税收入的增长对地区生产总值以及经济增长质量指数的影响显著，表明云南省非税收入越来越成为财政收入的重要组成部分，对经济增长以及经济高质量发展具有重要的推动作用。

（2）经济高质量发展对非税收入的影响

以地区生产总值、经济增长质量指数作为解释变量，云南省非税收入总额作为被解释变量，被解释变量与解释变量做回归，看其相关性。模型如下：

$$LNTR = 0.885436LGDP + 0.437492LQGI - 2.008735 \qquad (7)$$
$$（2.787479） \qquad （2.092829） \qquad （-0.287554）$$

$$R^2 = 0.948857; \bar{R}^2 = 0.937492; F = 83.48807$$

方程的拟合优度达到 0.948857，拟合效果较好，且变量 LGDP 的 t 值在 1% 的置信水平下显著，变量 LQGI 的 t 值在 5% 的置信水平下显著。从回归系数可以看出，地区生产总值以及经济增长质量指数都与非税收入总额呈正相关的关系，说明经济发展水平以及经济高质量发展都会增加云南省的非税收入。通过对比方程（5）、（6）、（7）系数的 t 值可以发现，非税收入对地区生产总值以及经济增长质量指数的影响比地区生产总值以及经济增长质量指数对非税收入的影响更为显著，说明云南省经济增长以及经济高质量发展在很大程度上依赖于非税收入规模的扩大，符合云南省非税收入的现状。

7. 格兰杰因果关系检验

格兰杰（Granger）因果关系检验方法可以用来检验被解释变量与解释变量之间是否有着单向还是双向的先导—滞后关系，这是格兰杰在 1969 年提出的向量自回归模型检验办法。在做 Granger 因果关系检验时有一个重要的步骤，即选择滞后阶数，不一样的滞后阶数会影响检验结果。本文采用 AIC 和 SC 准则来确定最优滞后阶数，结果如表 16 所示，即滞后 2 阶为最佳选择，确定好滞后阶数后，就可以开始进行 Granger

因果关系检验，检验结果如表 17 所示。

表 16　　　　　　　　　　滞后阶数的选择

滞后阶数	LOGL	LR	FPE	AIC	SC	HQ
0	10.5088	NA	4.48e − 05	− 1.5017	− 1.4109	− 1.6013
1	35.9013	30.4711 *	1.94e − 06	− 4.7802	− 4.4171	− 5.1785
2	56.5700	12.4012	4.46e − 07 *	− 7.1140 *	− 6.4785 *	− 7.8111 *

表 17　　　　　　　　　Granger 因果关系检验结果

原假设	F 值	P 值	结论
LGDP 不是 LNTR 的格兰杰原因	0.15195	0.7035	接受
LNTR 不是 LGDP 的格兰杰原因	10.8923	0.0063	拒绝
LQGI 不是 LNTR 的格兰杰原因	0.06220	0.8073	接受
LNTR 不是 LQGI 的格兰杰原因	0.98545	0.3405	接受

分析表 17 的结果，可以发现，"LNTR 不是 LGDP 的格兰杰原因"的 P 值为 0.0063，小于 0.01，即在 1% 的显著性水平下可以拒绝原假设，即"非税收入是云南省地区生产总值的格兰杰原因"，而"LGDP 不是 LNTR 的格兰杰原因"的 P 值为 0.7035，可以接受原假设，即"云南省地区生产总值不是非税收入的格兰杰原因"。这一检验结果表明，在过去云南省非税收入的膨胀在很大程度上提高了云南省的经济增长，且也会影响将来云南省经济的变化。

然而，非税收入与经济高质量发展之间不存在格兰杰因果关系。在计量经济学上，格兰杰因果关系的检验仅仅是变量之间的预测，格兰杰因果关系不等于实际因果关系，不能作为检验真正因果性的判断依据，但这并不妨碍其具有一定的参考价值，对于经济预测等仍然有一些作用。所以，云南省经济高质量水平的发展与非税收入之间的作用关系并不像经济增长与非税收入那样显著，但也不容忽视。非税收入会对经济高质量发展产生影响，所以要规范非税收入的规模与结构，这样才能促使云南省经济朝着高质量方向发展。同时，经济的高质量发展也会推动非税收入趋向合理化，使之符合经济高质量发展的要求。

（二）云南省非税收入结构与经济高质量发展关系的实证研究

1. 非税收入结构的统计口径

我国的非税收入项目繁多，收费环节较多，数量庞大，所以政府一般将非税收入分为三个口径进行统计。一是财政预算内的非税收入，包括专项收入、行政事业性收费、罚没收入、国有资本经营收入、国有资源（资产）有偿使用收入以及其他非税收入；二是财政预算外的非税收入，包括国务院或财政部、国家计委批准设立的以及由省级人民政府或省级财政、计划部门批准设立的行政事业性收费和基金；三是游离于财政之外的政府各部门的收费、集资和摊派。因为财政预算外的非税收入以及财政之外各部门的收费和集资数据难以收集，且名目不稳定，变化较大，因此，本文使用财政预算内的非税收入这一统计口径对非税收入结构进行实证研究。

2. 研究设计

非税收入规模与经济高质量发展之间的研究是纵向的。为了更深入地研究两者之间的关系，本文将细化非税收入的结构，研究财政预算内非税收入的六个部分与经济高质量发展之间是如何影响的。为了检验这种关系，我们设计以下线性回归模型：

$$LQGI = \beta_0 + \beta_1 LSR + \beta_2 LAIF + \beta_3 LPCR$$
$$+ \beta_4 LOSOCR + \beta_5 LSORUR + \beta_6 LONTR \qquad （8）$$

其中，L 表示对各个时间序列取对数。LQGI 是测算出的经济增长质量指数，LSR 为专项收入，LAIF 为行政事业性收费，LPCR 为罚没收入，LOSOCR 为国有资本经营收入，LSORUR 为国有资源（资产）有偿使用收入以及 LONTR 为其他非税收入。所有数据均来源于云南省统计年鉴，研究时间段为 2008—2017 年。

3. 回归分析

对上述模型进行回归，回归的结果如表 18 所述。

从回归分析结果中可以看出，模型的判定系数较高，拟合效果较好，F 统计量的值远大于临界值，且 LSR 与 LPCR 在 1% 的水平下显著，LAIF 在 5% 的水平下显著，其余的变量不显著，说明模型较好地反映了变量之间的关系。

细化非税收入的结构，研究其与经济高质量发展的关系，可以发现如下结论。

表 18　云南省非税收入结构与经济高质量发展关系的回归分析结果

解释变量	系数	标准误	P 值
C	− 3. 3152	1. 770708	0. 1579
LSR	0. 070162 *	0. 270275	0. 0074
LAIF	− 0. 11584 **	0. 448018	0. 0125
LPCR	− 0. 31408 *	0. 616283	0. 0054
LOSOCR	0. 008723	0. 036261	0. 8254
LSORUR	0. 34908	0. 176779	0. 3428
LONTR	− 0. 07822	0. 195845	0. 7163
R − squared	0. 979373		
Adjusted R − squared	0. 938119		
F − statistic	537. 8398		

注：*、**、*** 分别表示在 1%、5%、10% 的水平下显著。

资料来源：云南省统计局、《云南省统计年鉴》。

（1）专项收入的系数在 1% 的水平下显著为正，说明专项收入越高，经济增长质量指数越高。专项收入是指为了环境保护和经济事业发展的需要专门设置的有专门用途的收入，包括排污费收入、水资源费收入、教育费附加收入、矿产资源补偿费收入等。专项收入的增多，说明云南省越来越重视生态环境保护和经济发展之间的关系，符合经济高质量发展中的"协调""绿色"的新发展理念，有利于构建绿色产业体系和空间格局,引导企业形成绿色生产方式和生活方式,推动云南省经济结构越来越合理以及经济发展更加高质量。

(2)行政事业性收费在5%的水平下显著为负,说明政府对行政事业性费用征收得越高,则越会对经济高质量发展产生负效应。行政事业性费用在两方面影响了经济的高质量发展。一是一些不合理的行政事业性乱收费,容易滋生腐败,从而影响人民群众的权益,不能够很好地满足人民日益增长的美好生活需要,导致经济不平衡、不充分地发展,这是发展质量不高的直接表现。二是加重了企业的负担,从而使企业利润率降低,资金不能投入再生产以及创新环节,不利于生产的循环、财富的创造和企业的可持续发展,这样会降低经济高质量发展指标体系中的产业价值创造水平,违背了"低投入"和"高产出"的高质量发展要求。

(3)罚没收入在1%的水平下显著为负,且是非税收入结构中对经济增长质量指数影响最为显著的指标,说明罚没收入对经济高质量发展的负效应最强。罚没收入是指对当事人的违法行为进行罚款、没收违法所得、没收非法财物所形成的收入。罚没收入过高,容易恶化地方经济环境,以"罚"代"征"的方式会增加地方财政收入的乱象,从而导致财政收入质量下降,并可能引发财政风险,不利于财政收入的健康稳定增长。并且,如果企业减了税却又增加了费用,那么结构性减税的效果就会大打折扣,增加实体经济的负担。这些都会降低产业价值实现效率,恶化地方政府财政收入结构,从而影响经济的高质量发展。

(4)国有资本经营收入、国有资源(资产)有偿使用收入以及其他非税收入对经济增长质量指数的影响都不显著,但也不能忽视其对经济高质量发展的影响。国有资本经营收入最不显著,可能是因为其在非税收入中占比最低,甚至在少数年份出现收入为负的情形,所以对经济高质量发展的影响最小。由于云南省具有丰富的土地资源、矿产资源等,云南省国有资源(资产)有偿使用收入在非税收入结构的占比较大,且增长较快,因此该收入也是值得研究的一个指标。征收国有资源

（资产）有偿使用收入可以促进企业增强节约资源的意识，提高资源使用效率，合理规范处置资产，这样有利于提升产业价值转化成效，对经济高质量发展产生正效应，从而推动云南省经济更有效率、更高质量、更可持续发展，实现经济发展质量变革、效率变革。

（三）云南省非税收入与特色产业关系的实证研究

1. 实证研究背景

中国特色社会主义进入了新时代，我国经济发展也进入了新常态，高质量发展是适应经济发展新常态的主动选择。为了顺应经济发展的潮流，云南省牢牢把握了这一机会，推动经济向高质量发展迈进。

云南省位于中国西南边陲，临近南亚和东南亚，具有丰富的自然资源与良好的生活环境。这一得天独厚的地理、资源优势为云南省带来了两大特色产业。一是旅游业。云南省统计局官网的数据显示，2018 年云南省共接待海内外游客 6.88 亿人次，同比增长 20%；实现旅游业总收入 8991 亿元，同比增长 30%，占云南省 GDP 比重的 50.28%。云南省旅游业发展速度和规模前所未有，已成为云南省重要的支柱产业之一。二是依托东南亚、南亚的对外贸易，发展对外投资产业，建设面向南亚、东南亚的辐射中心。截至 2018 年 12 月，云南省企业在全球 58 个国家（地区）设立 788 家（机构）企业，对外实际直接投资额累计达 104.21 亿美元，在西部排名第 2 位。云南省的对外投资分布较为集中，重点为亚洲地区，老挝、缅甸、柬埔寨占前三。

然而，目前由于地理、历史、政治等因素，云南省的经济发展并不理想，产业结构也存在一些问题。比如，三大产业结构与全国相比还存在差距，第三产业发展水平低于全国平均水平等。因此，推动产业结构优化转型升级、利用自身资源以及独特的地理优势发展特色经济是促使云南省经济在新常态下实现进一步高质量发展的重中之重。非税收入是云南省财政收入的重要组成部分，是经济发展的基础，可以为特色经济的发展提供资金支持。因此，研究非税收入与特色产业的关系也能为云南省经济高质量发展提供可行性建议。

2. 模型构建

由于风险价值（Value at Risk，VAR）模型可以较好地反映内生变量之间的动态关系，且能够对相互联系的时间序列变量系统进行有效预测，因此本文建立 VAR 模型对云南省的两个特色产业——旅游产业、对外投资产业与非税收入的关系进行回归与检验分析，所有的过程都通过 Eviews 7.2 完成。首先，选取指标并对其进行对数处理，记为 LNTR、LTOUR、LOPEN。其中，LNTR 为非税收入规模，用云南省非税收入总额表示；LTOUR 为旅游业发展水平，用云南省旅游总收入表示；LOPEN 为对外投资产业发展水平，用云南省对外直接投资额表示。一般的 VAR 模型如下式构建：

$$Y_t = A_1 Y_{t-1} + A_2 Y_{t-2} + \cdots + A_p Y_{t-p} + \varepsilon_t \tag{9}$$

Y_t 是一个三维向量，ε_t 是个三维扰动向量，$A_i (i = 1,2,\cdots,p)$ 是一个 3×3 维系数矩阵，p 为滞后阶数。所以可将上述方程写成如下形式：

$$\begin{pmatrix} LNTR \\ LTOUR \\ LOPEN \end{pmatrix} = A_1 \begin{pmatrix} LNTR_{t-1} \\ LTOUR_{t-1} \\ LOPEN_{t-1} \end{pmatrix} + A_2 \begin{pmatrix} LNTR_{t-2} \\ LTOUR_{t-2} \\ LOPEN_{t-2} \end{pmatrix}$$

$$+ \cdots + A_P \begin{pmatrix} LNTR_{t-p} \\ LTOUR_{t-p} \\ LOPEN_{t-p} \end{pmatrix} \begin{pmatrix} \varepsilon_1 \\ \varepsilon_2 \\ \varepsilon_3 \end{pmatrix} \tag{10}$$

3. 脉冲响应函数分析

根据 AIC 和 SC 准则，本文确定了 1 阶为滞后期的最佳选择，所以构建了 VAR（1）模型，之后进行 AR 根检验，得出所有的单位根都落在单位根圆内（见图 22），即所有根模的倒数都小于 1，因此所构建的模型是稳定的。

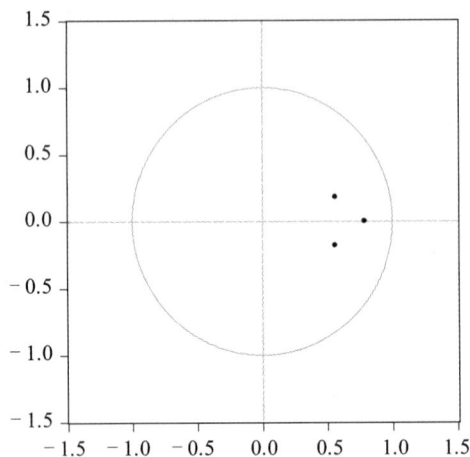

图22　AR 特征根的倒数的模的单位圆图示

为分析云南省的旅游业以及对外直接投资（OFDI）受到非税收入冲击后的反应状况，本文引入脉冲响应函数进行分析。脉冲响应函数描述在随机误差项上施加一个标准差大小的冲击后对其他内生变量的当期值和未来值所带来的影响，还可得出各变量对于来自其他变量冲击的灵敏程度。考虑到样本区间较小，所以横轴表示的滞后期（单位：年）设置为10年，纵轴表示脉冲响应函数值（单位:%），脉冲响应结果如图23中 a、b、c 所示。

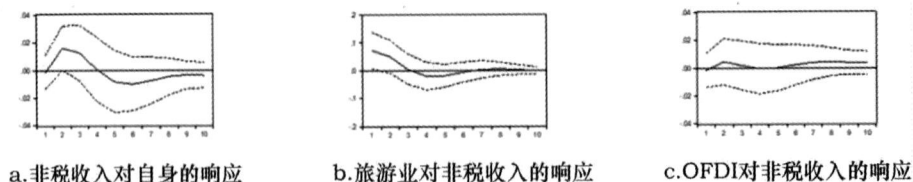

a.非税收入对自身的响应　　b.旅游业对非税收入的响应　　c.OFDI对非税收入的响应

图23　脉冲响应

由脉冲响应图23（a）中可以看出，给云南省非税收入一个自身的冲击之后，响应值为正值，前4期都为正向响应，且在第2期达到一个最大值，说明前期云南省的非税收入受自身的正向影响显著，非税收入的增长能够增加财政收入，促进经济的发展；然而从第 4 期之后，非税收入自身开始出现负向响应，说明非税收入不能过度膨胀，一个地区的经济发展过度依赖非税收入会恶化非税收入的结构，对经济产生负效应。

图 23（b）中显示的是，给旅游业一个非税收入的正向冲击，在当期的时候，旅游业发展水平会出现正向响应的状态，不过从第 2 期开始，冲击响应逐渐减弱，从第 3 期开始出现负向影响，在第 4 期时达到一个负向响应的最大值，但负向冲击不会维持太久，在第 6 期开始向正向响应变动，最终趋于平衡。这说明在短期内，非税收入对旅游业的冲击较大，甚至可能有负效应，比如专项收入、国有资源（资产）有偿使用收入的增大都会影响旅游业的发展；但是在长期内，可以看出这个负向冲击不大且时间不长，所以非税收入在长期内会促进旅游业的发展，为旅游业提供资金支持，促进旅游产业结构优化升级，且符合绿色发展理念，有利于生态环境的保护，从而能推动旅游业向经济高质量发展，做到经济效益和生态效益双赢。

图 23（c）中表示云南省非税收入对对外投资产业的冲击始终维持着正向响应，在短期内，在第 2 期达到最大值，之后逐渐减弱，从第 5 期开始这个正向响应又开始逐渐增大。这说明非税收入对云南省对外投资产业发展水平的影响始终是积极的，在长期一段时间内正效应会减弱，可能是因为非税收入的过度征收增加了对外投资企业的负担。但长期以来，云南省政府越来越重视非税收入对实体企业发展的影响，为实体企业的对外开放水平以及创新水平提供更多的税收优惠以及资金支持。这样可以矫正企业的负外部效应，弥补市场失灵，为企业的对外投资提供一个良好的市场环境以及国际条件，从而推动云南省企业积极开展对外投资。

总体来看，云南省非税收入对旅游业以及企业开展对外投资的影响较为显著。从长期来看，非税收入的正效应与负效应都有可能出现，但正效应的影响始终大于负效应。其前提是地方政府要注重非税收入的规范化、合理化管理，使之良性发展，这样才能更好地从各个方面推动云南省经济高质量发展。

七　结论与政策建议

（一）研究结论

1. 经济高质量发展有助于提高政府非税收入

在非税收入制度基本稳定的前提下，非税收入总量的变化应该与经济总量变化相一致。国民收入转化为非税收入的可能性受经济发展程度、生产力发达程度及人均国民收入的影响。经济发展程度越好，生产力越发达，国民收入转化为非税收入的可能性越高。其原因在于非税收入的存在改善了传统的经济粗放式增长模式，一定程度上解决了产业结构失衡、技术水平低下所导致的环境质量下降和环境污染恶化等问题。在经济转向的过程中，政府为了促进企业向绿色创新型企业转型，可以设立专项资金或罚没收入，从而获得大量的非税收入资金。同时，随着社会及经济的发展，市场失灵因素的日益增多要求政府不断增加干预的广度和深度。因此，国家经济活动的范围会呈扩张趋势，经济增长和社会进步对公共服务的需求也会不断增加。随着人民生活水平的日益提高，居民对教育、文化、娱乐、健康的需求不断增加，其弹性应大于个人消费品的需求弹性。再加上政府职能扩张等因素，都会导致政府公共支出规模经济发展不断增长，甚至超过经济增长的速度。因此，经济向高质量发展转型的过程中，政府非税收入也呈上升趋势。

2. 非税收入规模与经济高质量发展无直接因果关系

尽管非税收入的规模与经济高质量发展指数存在一定的线性关系，但两者不具备直接的因果关系，针对非税收入的管理应放在结构监管层面。通过对非税收入总量与经济高质量发展之间的关系进行实证分析可知，尽管在模型中对经济高质量发展及非税收入的总量之间的研究表明，非税收入对地区生产总值以及经济增长质量指数的影响比地区生产总值以及经济增长质量指数对非税收入的影响更为显著，说明云南省经济增长以及经济高质量发展在很大程度上依赖于非税收入规模的扩大，并且非税收入也会影响到云南省经济将来增长率的变化。但是通过格兰杰因果关系分析，"LNTR 不是 LGDP 的格兰杰原因"的 P 值为 0.0063，"LGDP 不是 LNTR 的格兰杰原因"的 P 值为 0.7035，可以接受原假设，即非税收入总量与经济高质量发展之间不存在格兰杰因果关系。因此，非税收入规模会显著影响经济增长的水平，并且经济高质量增长在一定程度上也受惠于非税收入规模的变化，但是经济高质量增长与非税收入的总量间并不具备直接的因果关系，只受制于部分非税收入的具体项目。非税收入的存在可以弥补市场自然调节状态下自发性、滞后性、盲目性的缺陷，改善市场失灵状况；政府按照"谁受益谁负担，多受益多负担"的原则，使用非税收入的方式实现准公共物品的资金补偿比征税更加合理，有助于企业的合理运行，但非税收入的存在也可能加重企业负担，阻碍资本形成，软化预算约束等。其不同条目对经济高质量发展的作用不尽相同。因此，单纯关注非税收入总量的变化对经济高质量发展难以得出促进或抑制的作用。关注非税收入与经济高质量发展之间的关系，应将重点放在具体的非税收入结构上，如针对污染企业的罚没收入、政府性基金等，而非关注政府非税收入总量。

3. 非税收入结构对经济高质量发展的影响不同

由于不同类别的政府非税收入会产生不同的外部性，因此，非税收入中的专项收入、行政事业性收费及罚没收入等对经济高质量发展的促进或抑制作用不尽相同。非税收入在政府总收入中的占比较少，2018年非税收入总额占云南省 GDP 比重仅为 3.19%，仅为云南省财政性资金的 17.40%，但非税收入对经济高质量发展具有巨大的外部性作用。

通过细化非税收入结构，研究其与经济高质量发展之间的关系，可以看出专项收入的增加对经济高质量发展具有正向的促进作用。原因是专项收入的设立是为了保护环境和发展经济事业，符合经济高质量发展中的"协调""绿色"理念。该项收入的提高会促进落后企业改善自己的生产模式，加快企业的创新步伐，因此可以提升经济高质量发展的水平。行政事业性收费及罚没收入的增加对经济高质量发展具有抑制作用，原因是目前存在的一些不合理的行政事业性收费影响了人民群众权益，并加重了企业负担，降低产业价值的实现效率以及恶化地方财政收入结构，从而影响经济的高质量发展。国有资本经营收入、国有资源（资产）有偿使用收入以及其他非税收入等由于占比较低，因此对经济增长质量指数的影响都不显著。关注非税收入对经济高质量发展的影响，应该重点关注专项收入、行政事业性收费及罚没收入等。

4. 非税收入规模增加对云南省特色产业利大于弊

政府非税收入规模的增加有助于云南省特色产业的发展，非税收入有助于旅游业的长期健康发展，对云南省企业对外投资行业也具有持续正向的促进作用。通过研究云南省旅游业受到非税收入冲击后的脉冲响应函数的影响可以发现，在短期内非税收入对旅游业的冲击较大，甚至可能有负效应，比如专项收入、国有资源（资产）有偿使用收入的增大都会影响旅游业的发展，但是在长期内，可以看出这个负向冲击不大且时间不长。其微观机理可能是非税收入的外部性作用。例如，生产企业会污染周边环境，如果没有采取相应的管制措施，社会边际成本比私人边际成本高出很多，从而获取更多的利润。为了维护市场公平且保护环境，政府在这种情况下应该对企业征收排污费，并且把征收标准定在企业获取的额外利润水平以上，逼迫企业担负起治理污染的责任。通过对云南省对外投资产业进行相同的分析可以发现，云南省非税收入对对外投资产业的冲击始终维持着正向响应，呈现波浪式促进的作用。这可能是因为非税收入弥补了市场的不平衡，其引入的市场机制使得以企业留利形式存在的预算外资金，在扩大企业自主性、增强企业市场主体地位和加快经济市场化进程方面发挥了巨大的作用。因此，非税收入在短期可能会影响旅游业的发展，但是在长期内会促进旅游业更加健康地发展，为旅游业提供资金支持，促进旅游产业结构优化升级。在企业对外投资产业方面，非税收入对云南省企业对外投资则具有持续性的促进作用。因此，只要地方政府注重非税收入的规范化、合理化管理，使之良性发展，这样就能更好地从各个方面推动云南省经济高质量发展。

5. 促进经济高质量发展必须提高产业价值创造水平

产业价值创造水平是影响经济高质量发展水平最重要的因素，要提高产业价值创造水平，必须加大企业创新能力。与促进经济增长时只用关注 GDP 不同，经济高质量发展需要有不同的侧重点。本文创新性地采用了层次分析法，结合云南省的历史经济发展数据与近年来的实际经济发展状况，针对云南省特色的本土和跨境企业以及旅游业发展，紧跟当下新型发展态势，对经济高质量发展程度赋予了具体的数值，在同类研究中尚属首次，这也是此次研究的亮点之一。在以往的研究中，大量的研究都是平均分配各权重指标。平均分配的方法虽然减少了工作量，但是过于草率地进行平均分配难以得出符合各省省情的最佳结果。因此，本文采用层次分析法对高质量发展进行定义，通过对多名专家的走访及调研，对经济的高质量发展进行了更加符合云南省省情的定义，得出影响经济高质量发展的最大因素为产业价值创造水平，其中创新能力是最能提高产业价值创造水平的因素。在调研过程中，原本定义的产业价值创造水平为 60%，经由层次分析法进行调整后的权重占比为 0.692594566，其中又以创新占比最高，调整后的创新权重占比为 0.173149，产业价值创造水平是影响经济高质量发展最重要的因素。此前预计占比很高的经济环境及人才方面，经过层次分析法调整后的占比分别均为 0.038359，只占很小的比重。这与经济高质量发展要求的清洁、低碳、安全、高效的基本原则相符。因此，要提高经济高质量发展水平，首先应尽量提高产业价值创造水平，通过一系列政策激励企业进行创新性发展，建立绿色低碳、高附加值的云南特色经济高质量发展模式。

（二）政策建议

非税收入作为政府收入中重要的一环，不仅能弥补政府财政收入不足，还起着规范企业健康运营、改善经济融资招商环境等作用。理性对待政府财政收入，要求适当控制政府非税收入规模，合理规划政府非税收入结构。基于研究结论，本文为促进经济高质量发展、改善非税收入环境提出以下政策建议。

1. 根据经济高质量发展水平制定合理的非税收入政策

非税收入的提高短期内能够加快经济发展，但在长期内存在抑制作用，这一结论在经济转型进入高质量发展的层面已完全失效。通过本文的研究发现，政府非税收入的结构是促进经济高质量发展的关键。因此，为了经济发展向高质量转型，政府需针对非税收入中的不同条目设立更加符合发展要求的政策。具体政策建议如下。

在专项收入方面，政府应充分发挥专项收入的作用，通过对高污染企业及高自然资源消耗型企业征收排污费收入、水资源费收入、教育费附加收入、矿产资源补偿费收入，迫使企业进行改进和创新，提升政府财政收入。

在行政事业性收费方面，尽量减少行政事业性收费，加强行政事业性单位内部监管，减少腐败现象，从而减轻企业负担，提升企业利润率，使企业资金可以投入生产和创新环节，提升产业价值创造水平。

在罚没收入方面，应减少罚没收入，改善以"罚"代"征"增加地方财政收入的乱象，优化地方经济环境，提升财政收入质量，促进财政收入的健康稳定增长，提升产业价值实现效率。

2. 利用非税收入外部性促进云南省特色产业发展

研究表明，非税收入对云南省旅游业及企业对外投资方面都有良好的促进作用。云南省经济向高质量发展转型离不开特色产业的支持，因此，政府应充分利用特定行业非税收入的促进作用来推动云南省特色产业发展。具体建议如下。

（1）充分发挥非税收入对旅游产业的监管作用

旅游产业是云南省的支柱产业，大力发展旅游业可以更快地促进经济向高质量发展转型。云南省旅游业目前呈现出"低端惨烈厮杀，高端严重短缺"的态势，不同旅游景区普遍存在相关配套服务不规范，管理制度不健全、不完善等问题。政府应充分发挥非税收入规模增加的效应，例如罚没收入的监管作用，促进景区加强管理，但是在短期内应避免专项收入、国有资源（资产）有偿使用收入的过快增大产生副作用。从长期来看，非税收入会促进旅游业的发展，为旅游业提供资金支持，促进旅游产业结构优化升级，同时有利于生态环境的保护，从而推动旅游业向经济高质量发展，做到经济效益和生态效益双赢。

（2）充分发挥非税收入对企业对外投资产业的促进作用

政府非税收入对对外投资产业始终具有正向的促进作用。适量增加非税收入尽管在短期可能会加重企业负担，但是同时可以矫正企业的负外部效应，弥补市场失灵，为企业的对外投资提供良好的市场环境以及国际条件，从而推动云南省企业积极开展对外投资。因此，政府一方面应利用非税收入来解决市场失灵等问题，改善企业投资环境；另一方面，应通过优惠的税收政策抵消非税收入加重企业负担的弊端，从而实现对外投资产业的健康发展。

3. 建立细化至结构层次的网状非税收入监管机制

政府非税收入政策的推行，根本上需要政府有一个完善的监管体系，并且需要政府推动非税收入监管的精细化、具体化，通过影响因素进行分类，实行不同层次、不同类别的网状监管模式。具体建议如下。

（1）完善非税收入监督体系，提高监管信息化程度由于非税收入涉及条目众多，涉及的部门众多，各个部门的监督方式、监督内容不同，各个监督主体之间缺乏有效的沟通合作。因此，完善非税收入监督体系，首先需要建立高效的监督协调机制，进一步推进政府各部门信息化程度，加强部门间合作，实现部门间信息共享。同时，也应加大信息披露程度，引入公众参与机制，充分发挥社会舆论监督的作用。

（2）创新非税收入管理模式，实行动态征收管理

政府需制定合理的非税收入征管制度，对收费项目实行清单动态管理，及时监管非税收入各项目规模，并依此及时调整收费项目，督促执收部门落实收费政策，确保非税收入依法征收、应收尽收。通过对经济环境的监管，充分利用非税收入的资源分配功能，实现资源最大限度地合理利用。

4. 提高本土企业产业价值创造水平，提高企业创新能力

影响经济高质量发展最重要的因素是产业价值创造水平。为了提高产业价值创造水平，应着重提升企业的创新能力，降低企业成本，提升产品的经济效益。为了提升云南本土企业的创新能力，建议从以下两方面改善云南省企业创新环境。

（1）实施针对创新型、高效型企业的扶持政策

政府政策尤其是财税政策在企业技术的创新活动中起着巨大作用。政府一方面应在税收政策上针对创新型企业加大税收减免力度，提高优惠税率，扩大科技型中小企业免税项目范围，以节税来激励企业创新，降低中小型企业的运营风险；另一方面，应实施差异化的财税激励政策，明确具体的激励目标，针对中小型企业技术创新的不同阶段进行相机调控。例如，在创新型企业的研发阶段侧重财政补贴政策，在创新型企业的产出阶段实施税收优惠政策，不断提升企业的创新效率。

（2）设立针对中小型创新型企业扶持基金

创新型研发需要投入大量的资金，但初创型中小型企业由于成立时

间短，没有足够的现金流支持企业进行创新型研发。因此，针对具有创新动力但缺乏资金支持的中小型创新企业，政府应设立创新型企业专项扶持基金，改善企业创新投入情况，为科技型中小企业提供专项研发资金，加大企业创新奖励型补贴，为创新型人才提供住房及教育补贴、鼓励产学研相结合等。同时，在政府领投的基础上，充分发挥政府投资的杠杆作用，引导企业和社会资本投入创新活动中。

Abstract：The high-quality development of the Chinese economy attaches great importance to the guiding role of a proactive fiscal policy with government non-tax revenue as the main content. This article firstly concludes through research that high-quality economic development can help increase government non-tax revenue and that there is no direct causal relationship between the scale of non-tax revenue and high-quality economic development. Secondly, it specifically explores the mechanism and degree of impact of the non-tax revenue structure in the fiscal budget on the high-quality economic development, and divides the economic development of Yunnan Province into different stages to explore the change process of the economic growth effect of non-tax revenue：the non-tax revenue acts as a positive factor and can make up for problems such as insufficient tax revenue. In the later stage of economic development, if the government excessively imposes non-tax taxes on enterprises, it will increase the burden on enterprises and hinder high-quality economic development. Third, relying on the unique resource advantages and geographical location of Yunnan Province, the location advantages for cross-border development in Southeast Asia and the resource advantages of tourism ecosystem construction can promote the high-quality economic development. Finally, in order to realize the transformation of economic development to high-quality, based on the background of non-tax income, reasonable and effective suggestions for the better and faster development of Yunnan's characteristic economy are put forward.

Key Words：High-quality Development；Non-tax Structure；Characteristic Industrial System；Network Supervision Mechanism；Enterprise Industrial Value

非税收入对经济增长影响的
区域差异性研究

陈智源　　柯梓晗[*]

摘要：本文立足于我国目前非税收入增长与经济新常态的大背景，通过文献研究法、定性分析法、定量分析法和实证研究法对非税收入对区域经济增长的地区差异进行研究。首先，对非税收入与经济增长之间关联性的理论与传导机制进行进一步深化研究与发展，通过构建柯布—道格拉斯生产函数，分析可得到非税收入影响经济增长有两种正效应和两种负效应。再通过实证检验方法对华东地区、华南地区、华中地区、华北地区、西北地区、西南地区、东北地区七大地区间各省份最新面板数据进行分析，得到在经济发展程度不同的地区间地方政府非税收入对当地经济增长产生的效应与影响。实证检验结果表明，由于非税收入对经济产生的正负效应与其抵消作用，各省的省级罚没收入、省级国有资产经营收入、省级行政事业性收费、省级专项收入与省级其他收入在不同地区对于当地经济增长的影响存在正相关、负相关与不相关三种情况。因此，根据研究结果，不同地区的当地政府应结合现实情况，发挥

---

* 作者简介：陈智源，云南大学经济学院硕士研究生；柯梓晗，云南大学经济学院硕士研究生。

非税收入的正向效应，规避非税收入的负向效应，更好促进当地经济健康发展。

关键词： 非税收入 经济增长 区域差异 面板数据多元线性回归

一 前言

政府非税收入是我国公共财政体系的重要组成部分，承担了为政府筹集财政资金、支持地区经济建设的重任。自 1994 年分税制改革以来，我国地方政府非税收入规模快速膨胀。1994 年，地方政府非税收入总额仅为 1816.5 亿元，到 2017 年已达到 28222.9 亿元，23 年间增长了近 15 倍。非税收入发挥的重要作用使得近年来学术界以及政府管理决策部门对它也越发关注，并逐渐开始重视非税收入对经济增长的作用。大多数学者认为，非税收入对经济增长具有促进作用，但是由于地区条件不同，非税收入对于不同地区的影响存在差异性。在一些地区，非税收入通过增强地方政府财力、支持基础设施建设等方式影响当地经济，与经济增长之间呈现显著的正向关系。但在某些地区，地方政府非税收入的负面效应也日益显现，如加重企业经济负担，阻碍市场资本的形成和流动；同时，政府的过度介入无疑会破坏市场规则，扰乱市场运行秩序等。因此，深入研究非税收入对经济增长影响的地区差异性，明确非税收入在我国不同区域公共财政体系中的地位及其在健全公共财政体系过程中所能发挥的作用，对完善公共财政体系具有重大意义。针对不同的地区，我们应该采取不同的非税收入政策，充分发挥非税收入作为公共财政重要组成部分在整个经济发展中的支持作用，让非税收入更好地促进经济增长，以适应当前经济新常态发展。

同时，对非税收入与经济增长的地区差异进行研究，有利于探索不同地区间"有为的政府与有效的市场"之间的关系，服务于建立现代财政制度的财税体制改革目标，对财政学的学科发展也具有非凡的意义。因此，如何认识和解释地方政府非税收入膨胀的现象，成为当前财政学界亟需关注的问题，而这一问题的解决必须结合我国分权改革进行探讨。

本文采用的研究方法和研究手段如下：文献研究法、定性分析法、定量分析法和实证研究方法。通过对非税收入对经济增长的地区差异分析，立足于我国目前非税收入增长与经济新常态的大背景，本文通过研究得到在不同经济发展程度的地区间地方政府非税收入对当地经济增长产生的效应与影响，并试图从研究结果中得到如何争取地方政府获得非税收入且不造成社会隐性负担的"双赢"局面的具体建议。同时，对非税收入与经济增长之间关联性的理论与传导机制进行进一步深化研究与发展，通过构建柯布—道格拉斯生产函数，分析得到非税收入影响经济增长有两种正效应和两种负效应。最后，对华东地区、华南地区、华中地区、华北地区、西北地区、西南地区、东北地区七大地区间各省份最新面板数据进行实证分析，得到中国经济发展现状下非税收入带来的影响与问题。

二　文献综述

非税收入激增引起了学术界的广泛讨论，但是前期只是对非税收入存在的合理性进行讨论，而后，地方性非税收入由于地方财政支出压力的存在而备受重视。为了探讨非税收入的现实意义，一些学者讨论了非税收入与经济增长之间的关系。国外学术界有关非税收入的研究由于其政府收入中非税收入比例极小的具体国情而浅尝辄止，学者们更多关注的是规费和使用费，通常仅将非税收入纳入公共财政收支范畴内研究。

在我国，改革开放后，非税收入便已存在。但在 2001 年之前，我国一直使用"预算外资金"来描述未被纳入公共财政预算的那部分政府收入。2001 年 11 月，财政部在颁发的《关于深化收支两条线改革进一步加强财政管理意见》文件中首次使用了"非税收入"的概念，2003 年 5 月的财综〔2003〕29 号文件进一步界定了非税收入的内涵。2004 年 7 月财政部颁布的财综〔2004〕53 号文件第一次对非税收入内涵进行正式明确。该文件确立了非税收入的财政资金角色，并将非税收入概括为以下 9 类：政府性基金、行政事业性收费、国有资源（资产）有偿使用收入、国有资本经营收益、罚没收入、彩票公益金、以政府名义接受的捐赠收入、主管部门集中收入以及政府财政资金产生的利息收入。2008 年，在政府收支改革中，进一步将以上 9 类重新划分为 7 类，具体包括：政府性基金收入、行政事业性收费收入、专项收入、罚没收入、国有资源（资产）有偿使用收入、国有资本经营收入以及其他非税收入。其中，政府性基金收入被纳入政府性基金预算进行专项管理，专款专用，其他六项均由一般公共预算管理。

国内最早研究非税收入相关问题的是吴强，他对于非税收入的定义给予了较全面的界定和划分，且得出了非税收入对国民储蓄影响较弱的结论。[①] 之后一段时间内，非税收入迅速增长，1996 年左右省级以上的行政事业性收费总额达到 6000 多亿元，占全国财政预算内收入的 80% 以上。非税收入的增长虽然对缓解政府和部门经费困难有一定的积极作用，但其暴露出来的问题也日益严重，因此董云展等深刻分析了非税收入管理问题的成因，提出要清理不合理非税收入项目、非税收入的征收一律实行属地管理、健全非税收入管理法规等建议。[②] 但各个地区经济发展情况不同，因此非税收入存在的合理性是有区别的，不能一概而论。

2001 年非税收入的概念被正式提出后，学术界对其的研究更加深入。为了解决非税收入能否促进经济增长的问题，部分学者采用实证研

[①] 吴强：《政府非税收入、公债和消费支出与储蓄》，《金融科学》1992 年第 3 期。

[②] 董云展、吴玉民、王作勤：《非税收入及其规范化管理》，《中南财经大学学报》1999 年第 6 期。

究方法，利用省际面板数据，通过构建模型研究了非税收入与区域经济增长间的相关关系。其中，大部分学者通过实证研究得到地方政府利用非税收入能够有效促进地方经济增长的结论。王小利通过 VAR 模型模拟非税收入与 GDP 之间关系时，得到非税收入能够起到促进经济发展作用的结论，且两者间的关系在长期来看是均衡的。[①] 王乔、汪柱旺通过实证分析得出，GDP 总量与政府非税收入互为因果，即经济增长能促进政府非税收入的增长，非税收入的增长也会反作用于经济增长。若分项考察中央与地方政府非税收入对经济增长的作用力，则地方非税收入与经济增长关系更为密切，两者之间的互动性更强。[②] 李永友、沈玉平通过实证研究发现地方政府利用非税收入能够有效促进地方经济增长，主要通过弥补财政收入的行为来影响经济增长。[③] 刘志雄也通过实证研究得出非税收入对经济增长的作用效果显著为正的结论，并且非税收入对经济增长影响的作用存在区域差异性，在西部地区，非税收入对经济增长的正向效应比中东部地区显著。[④] 童锦治等利用空间杜宾模型，得到非税收入、非税竞争与区域经济增长关系的实证结果。研究发现，宏观非税收入负担对于区域经济增长影响并不显著，但地区间的非税竞争有利于经济增长，且影响程度超过税收竞争。[⑤] 刘寒波等通过建立财政竞争模型分析了地方政府的非税筹资行为影响要素流动的空间效

① 王小利：《非税收入与经济增长长期关系的实证分析》，《山西财经大学学报》2004 年第 4 期。

② 王乔、汪柱旺：《政府非税收入对经济增长影响的实证分析》，《当代财经》2009 年第 12 期。

③ 李永友、沈玉平：《财政收入垂直分配关系及其均衡增长效应》，《中国社会科学》2010 年第 6 期。

④ 刘志雄：《非税收入对中国经济增长的作用——基于全国 31 个省区面板数据的实证》，《生产力研究》2012 年第 9 期。

⑤ 童锦治、李星、王佳杰：《非税收入、非税竞争与区域经济增长——基于 2000—2010 年省级空间面板数据的实证研究》，《财贸研究》2013 年第 6 期。

应，它会显著促进地区经济增长。[①] 白彦锋等构建了非税收入、税收收入和 GDP 之间的 VAR 模型，认为非税收入对经济不存在挤出效应，非税收入的发展尚在经济可承受的范围之内，且非税收入和税收收入不存在明显的替代关系，相互影响具有非对称性。[②] 杨莉敏通过研究 1978—2012 年的非税收入与地方 GDP 的相互关系发现非税收入与地方经济的增长呈现正相关关系。[③] 也有部分学者通过研究得到非税收入增加与经济增长间的负相关关系。李友志在研究湖南省非税收入对经济增长的影响时，发现地方非税收入规模过大会侵蚀地方税源，挤占地方税收入，削弱中央宏观调控力度，从长期来看，不利于经济的健康持续发展。[④] 李涛等在研究地方政府非税收入的经济增长效应时发现，以使用费和规费为代表的非税收入会抑制经济增长。[⑤]

已有的非税收入与经济增长间关系的文献大多是基于省级面板数据，运用实证研究方法对非税收入和经济增长的相关性做出说明。有部分研究通过对非税收入种类进行划分，说明不同非税收入种类与经济增长的关系不同，但是并未根据地区经济发展程度，按照地理区域进行划分，并研究不同区域非税收入与经济增长的关系。因此，我们将区域划分为华东地区、华南地区、华中地区、华北地区、西北地区、西南地区、东北地区，基于面板数据的线性回归模型验证不同区域非税收入和经济增长间相关关系的差异。

为深入研究我国非税收入对经济增长影响的区域差异性原因，本

---

① 刘寒波、宋美喆、王贞：《财政竞争中地方政府非税收入的空间经济效应分析》，《经济地理》2017 年第 10 期。

② 白彦锋、王婕、彭雯雯：《非税收入和经济增长、税收收入的关系——基于周期分析的视角》，《新疆财经大学学报》2013 年第 2 期。

③ 杨莉敏：《我国非税收入与经济增长的实证关系研究》，《中国集体经济》2014 年第 19 期。

④ 李友志：《加强和规范政府非税收入管理》，《中国财政》2003 年第 7 期。

⑤ 李涛、黄纯纯、周业安等：《税收、税收竞争与中国经济增长》，《世界经济》2011 年第 4 期。

文以2007—2016年全国31个省市的地方非税收入为研究对象，并结合我国当前的地区经济差异分析产生这种效应差异的原因，最终提出改善我国非税收入环境的政策建议。本文主要从两个方面分析非税收入对经济增长影响的地区差异性。首先，从理论层面来分析，运用柯布—道格拉斯函数与内生增长理论分析非税收入对经济增长的影响机制。由于非税收入的存在，政府可扩大收入、支出，政府公共支出以新的要素形式进入生产函数。其次，采用31个省面板数据以及实证研究方法，基于柯布—道格拉斯函数模型印证非税收入对经济影响的地区差异性。

三　机制分析

（一）非税收入对经济增长影响的理论基础

非税收入产生，主要由外部性理论与公共选择理论两种理论支持，非税收入对经济增长的影响主要由经济增长理论支持。

1. 外部性理论

外部性理论将外部性分为正外部性和负外部性。

正外部性又称外部经济，是指个体的行为能使他人和社会获得收益，但又无法向他人收费的现象。正外部性的收益具有非排他性，即这种行为的收益不能排他地占用，因此导致公共产品供给不足。比如某些环保行为，它所带来的环境正效应由全体社会成员共享，但环保者却不能从环保活动中得到额外收益，因此任何理性人都不会主动采取环保行为。为了鼓励私人部门进行这些正外部性活动，政府部门往往会通过税收优惠或财政补贴给予私人一定的经济补偿。政府给予经济补偿的这部分资金来源包括税收与非税收入等形式。经济补偿需求导致了非税收入的产生。

负外部性又称外部不经济，是指个体的行为会导致他人或社会受损，但受损方无法获得价值补偿的现象。负外部性行为会使行为人自身受益，且行为人不必为此对他人和社会造成的损失承担责任，所以，理性人都会继续实施负外部性行为。比如企业污染环境问题，在没有严格的约束与惩罚机制条件下，企业无须为这种行为承担成本，环境污染的负效应将由所有社会成员共同承担。因此，有必要建立约束与惩罚机制，使负外部性行为人承担起其行为所产生的成本。政府部门应该对外部不经济行为人进行行政罚款或收取政府许可证费，以加大负外部性行为人的经济成本，约束行为人的负外部性行为，从而提高社会整体福利水平。

2. 公共产品理论

公共产品理论同样是非税收入存在的理论基础之一。根据公共经济学理论，社会产品分为公共产品和私人产品。私人产品具有竞争性和排他性，由个别消费者所占有和享用，由市场提供。公共品可划分为纯公共产品和准公共产品两类。纯公共产品具有效用的不可分割性、消费的非竞争性和受益的非排他性三个特性。准公共品介于私人产品和纯公共产品之间，是具有非排他性和不充分的非竞争性的公共产品，政府可以通过收取非税收入的方式弥补产品的提供成本。同时，政府部门还可向准公共产品的受益方征收一定的非税收入，以减少过度消费，在一定程度上约束受益者。准公共产品竞争性的强弱决定了非税收入规模的大小。政府对竞争性较弱的准公共产品一般采取少量收费方式，收取少量的行政与管理费用以约束受益者行为。而政府即使对竞争性较强的准公共产品采取较高的收费标准，也可以征收到较足额的非税收入。同时，非税收入在政府财政收入中所占的比例由该政府级别所决定。越是全国性的公共产品，越由国家中央政府提供，此类公共品具有较强的非竞争性和非排他性，主要通过征税的方式来弥补成本，因此中央政府收入中非税收入所占比极小；而地方政府提供的公共产品往往具有较强地域受益性，具有较弱的非竞争性和非排他性，可以根据成本收益原则通过收费实现成本补偿，因此非税收入在地方政府的财政收入中占有极大比重。

3. 内生增长理论

非税收入主要通过影响政府公共支出，对地区的经济增长发挥作用。内生经济增长理论认为，实现一个地区经济增长要考察该地区的内生增长因素。政府公共支出作为内生增长因素被纳入内生增长模型当中。假定产出依赖于劳动和其他要素的投入，在不摒弃任何其他传统的投入要素的情况下，将政府生产性公共支出以新的投入要素的形式进入生产函数等价于对技术水平 A 的修正，影响人均产出的稳态水平，影响在朝向稳态的转移过程中的人均经济增长率。政府生产性公共支出（政府服务）在内生增长框架下被完全内生化，并成为经济增长的催化剂。生产性公共支出的引入，使得经济可以在竞争企业市场均衡的条件下实现内生增长。非税收入的增加为生产性公共支出提供了保障，最终促进经济增长。

（二）非税收入对经济增长影响的作用机制分析

根据柯布—道格拉斯生产函数 $Y = F(K, L) = AK^{\alpha}L^{\beta}$，用 Y 表示地区经济增长，A 表示技术水平，K 表示资本积累，L 表示劳动力水平。其中，资本积累一般可用固定资产投资额表示，由外商直接投资、地区政府部门投资与地区非政府部门投资形成，有 $K = FDI + GI + BI$，用 FDI 表示外商直接投资，GI 表示地区政府部门投资，BI 表示地区非政府部门投资。

非税收入作为政府收入来源的一部分可以影响政府生产性支出，即影响地区政府部门投资，有 $GI = \delta^{*}(Kr^{*}X_1 + Ks^{*}X_2 + Kt^{*}X_3 + \theta^{*}X_4)$，其中，政府收入用于投资的比例用 δ 表示。Kr、Ks、Kt 分别表示个人所得税税收负担比重、企业资本利得税税收负担比重以及增值税税收负担比重，X_1、X_2、X_3 分别表示个人所得税税收基础、企业资本利得税税收基础以及增值税税收基础，θ表示非税收入负担比重，相应地，X_4表示非税收入税收基础。非税收入与税收收入制约非政府部门投资，$BI = \gamma^*(Y - Kr^*X_1 + Ks^*X_2 + Kt^*X_3 + \theta^*X_4)$，其中$\gamma$为非政府部门收入用于投资的比重，$Y$表示非政府部门收入总额。

非税收入除影响资本积累外，还通过内生增长理论对A造成影响，通过影响要素流动对L造成影响。内生增长理论中，非税通过影响政府收入影响A，因此有$A \propto \delta * \theta * X_4$。非税收入作为微观主体的经济负担，不利于劳动力集中，从而不利于地区劳动投入增长，因此有$L \propto -\theta * X_4$。

通过构建柯布—道格拉斯生产函数，分析可知非税收入影响经济增长有两种正效应和两种负效应。非税收入的正效应主要通过影响政府收入影响技术水平和通过影响政府收入从而提高政府部门投资促进经济增长。非税收入负效应主要通过产生非税负担，基于要素可流动不利于地区劳动投入增长，以及不利于非政府部门对于地区的投资，从而不利于地区资本积累。因此，非税收入对于经济增长影响方向的正负，应综合考虑政府部门收入转化为对地区投资的比率、非政府部门收入转化为对地区投资的比率、非税收入影响政府生产性投资内生要素的效应以及非税负担对劳动力要素积累造成的影响，然后通过比较几种效应的大小得知。

四　计量模型设定

（一）计量模型设定与估计方法

本文选用我国 31 个省的省级面板数据（Panel-Data），研究我国不同地区非税收入对于当地经济增长的影响。同时，进行线性回归以及固定效应变截距模型检验估计，采取定量分析实证研究的方法。

Panel – Data 固定效应线性回归模型设定如下：

$$Y_{it} = \alpha_i + \beta_{1i}X_{1it} + \beta_{2i}X_{2it} + \cdots + \beta_{ki}X_{kit} + \mu_{it} \tag{1}$$
$$(i = 1, 2, \cdots N; \ t = 1, 2, \cdots, T)$$

其中，Y_{it} 为被解释变量，X_{1it}，…，X_{kit} 是 K 个解释变量。N 是横截面成员个数，T 表示每个截面成员的样本观测时期数。α_i 是 Panel – Data 固定效应线性回归模型中的截距项，β_{1i}，…，β_{ki} 则是对应 K 个解释变量的系数的值。

假设误差项之间相互独立，同时满足均值为零和同方差假设，使用 OLS 估计方法对模型进行验证。该模型数据应首先通过平稳性检验。

此外，Panel-Data 线性回归选用固定效应模型还是随机效应模型，应根据数据特征谨慎选取。随机效应估计量只有在随机效应模型真实的情况下才有效，在该种情况下选取随机效应回归，而固定效应回归是一种空间面板数据中随个体变化但不随时间变化的一类变量方法。两者间的另一区别在于，固定效应模型认为误差项和解释变量是相关的，而随机效应模型则认为不相关。本文根据数据组的完全性选定固定效应模型，因此确定基于 Panel – Data 固定效应线性回归计量分析模型进行实证检验。

（二）数据来源与变量选取

本文选取中国 31 个省的省级面板数据，样本区间根据数据可获得性选取为 2007 年到 2016 年。数据来源于 Wind 数据库与国家数据库。

将原始数据做初步处理，得到 7 个区域的规范省级面板数据。7 个区域分别为东北地区、西北地区、西南地区、华南地区、华北地区、华中地区与华东地区。

被解释变量选取 GDP 增长率，解释变量选取各省非税分项收入，分别为省级罚没收入、省级国有资本经营收入、省级行政事业性收费、省级专项收入与省级其他收入。

控制变量选取省级固定资产投资比例、省级人力资本水平、省级城镇化水平、省级失业率、省级经济开放程度、省级外商直接投资水平，以及省级人口增长率、技术进步率与折旧率之和。控制变量选取的依据主要为童锦治等在《非税收入、非税竞争与区域经济增长——基于

2000—2010 年省级空间面板数据的实证研究》文章中的控制变量，并在此基础上进行了修改调整。①

（三）数据平稳性检验

本文在进行 Panel-Data 固定效应线性回归模型检验之前，预先对数据进行平稳性检验。使用 EVIEWS 8.0 软件对所建立的面板数据的原序列进行单位根检验，用来避免面板数据回归结果中存在伪回归导致误差。

单位根检验使用带趋势项与截距项的检验，并采用 SIC 标准确定滞后。平稳性检验结果如表 1 所示。

表 1   平稳性检验结果汇总

	变量	P 值	t – Statistic	1% level	5% level	10% level	平稳性
被解释变量	GDP 增长率	0.0003	−4.97937	−3.98937	−3.42508	−3.13565	平稳
解释变量	省级罚没收入	0	−5.77204	−3.98804	−3.42444	−3.13526	平稳
	省级其他收入	0	−8.78104	−3.98804	−3.42444	−3.13526	平稳
	省级专项收入	0.0026	−4.39396	−3.98905	−3.42493	−3.13555	平稳
	省级国有资本经营收入	0	−6.07437	−3.98804	−3.42444	−3.13526	平稳
	省级行政事业性收费	0.0005	−4.83067	−3.98905	−3.42493	−3.13555	平稳
控制变量	城镇化水平	0.0004	−4.91242	−3.98804	−3.42444	−3.13526	平稳
	固定资产投资比例	0	−6.28912	−3.98804	−3.42444	−3.13526	平稳
	人口增长率、技术进步率与折旧率之和	0	−11.4277	−3.98804	−3.42444	−3.13526	平稳
	经济开放程度	0	−5.70565	−3.98833	−3.42458	−3.13535	平稳
	人力资本水平	0.0001	−5.28653	−3.98804	−3.42444	−3.13526	平稳
	外商直接投资水平	0.0003	−4.99759	−3.98804	−3.42444	−3.13526	平稳
	失业率	0.0001	−5.33848	−3.98803	−3.42443	−3.13526	平稳

① 童锦治、李星、王佳杰：《非税收入、非税竞争与区域经济增长——基于 2000—2010 年省级空间面板数据的实证研究》，《财贸研究》2013 年第 6 期。

本文对被解释变量、解释变量和控制变量进行单位根检验，结果表明，所有变量原序列都在 1% 的显著水平下拒绝原假设，即序列平稳。

（四）数据描述性统计分析

本文根据所选的 31 个省的 2007 年到 2017 年的 GDP 和非税收入数据进行 EVIEWS 8.0 软件分析，其结果如表 2 所示。

表 2　　　　　　　描述性统计分析结果汇总　　　　（单位：万元；%）

	变量	均值	中位数	最大值	最小值	标准差	偏度	峰度
被解释变量	GDP增长率	0.14	0.12	0.32	-0.22	0.07	-0.19	3.96
解释变量	省级罚没收入	418639.30	335200.00	1556853.00	0.00	329389.80	1.08	3.83
	省级其他收入	376782.10	163078.50	4331600.00	2884.00	638058.00	3.65	18.22
	省级专项收入	972149.40	672289.50	8630200.00	2000.00	1026844.00	2.92	15.94
	省级国有资本经营收入	327286.90	153244.00	3622247.00	-947860.00	576356.60	2.20	10.10
	省级行政事业性收费	1093637.00	840067.00	4976687.00	0.00	982327.30	1.41	4.74
控制变量	城镇化水平	52.59	50.78	89.60	21.50	14.33	0.74	3.66
	固定资产投资比例	1.38	1.20	4.28	0.64	0.58	2.14	8.29
	人口增长率、技术进步率与折旧率之和	0.08	0.08	0.24	0.00	0.02	4.13	42.09
	经济开放程度	228958.30	106486.00	2286507.00	100.00	309762.80	2.90	14.98
	人力资本水平	50.87	49.57	99.01	20.07	15.14	0.80	4.23
	外商直接投资水平	32.00	25.85	127.79	0.00	26.53	1.43	5.16
	失业率	3.47	3.54	4.57	1.21	0.65	-1.15	4.62

从表 2 可以看出，31 个省 GDP 增长率的均值为 14%，省级罚没收入 418639.3 万元，省级专项收入 972149.4 万元，省级其他收入为 376782.1 万元，省级行政事业性收费收入 1093637 万元。被解释变量 GDP 增长率的偏度（skewness）值小于 0，序列分布为左偏。而解释变量中，省级罚没收入、省级专项收入、省级行政事业性收费收入和省级其他收入的偏度值大于 0，序列分布为右偏，即解释变量与被解释变量的分布是不对称的。另外，从表中的峰度（kurtosis）数值可以看出，GDP 增长率峰度值为 3.96，大于正态分布的峰度数值 3，因此 GDP 增长率的突起程度大于正态分布的突起程度，呈尖峰状态分布。解释变量中，省级罚没收入、省级专项收入、省级行政事业性收费收入和省级其他收入的峰度值分别为 3.83、15.94、4.74 和 18.22，均大于正态分布的峰度数值 3，因此解释变量的突起程度均大于正态分布的突起程度，也呈尖峰状态分布。

五　实证结果

基于 Panel-Data 固定效应线性回归模型，对面板数据进行实证检验得出的结果说明，不同地区的非税收入对于被解释变量 GDP 的解释能力不同，同一地区中不同的非税分项对于经济增长的影响程度与方向也有不同。

实证结果表明（见表 3），东北地区省级罚没收入的相关性系数为 3.944373，检验结果 P 值为 0.0021 < 0.05，表明在 5% 的置信水平下，省级罚没收入与被解释变量正相关。省级国有资本经营收入的检验结果 P 值为 0.0196 < 0.05，东北地区省级国有资本经营收入的相关性系数为 1.424079，表明在 5% 的置信水平下，省级国有资本经营收入与东北地区经济增长正相关。东北地区省级其他收入与当地经济增长负相关，因为相关性系数为 - 0.904303，该变量的检验结果 P 值为 0.0161 < 0.05。西北地区省级行政事业性收费变量与被解释变量间存在正相关关

系，相关性系数为 0.869807，在 5% 的置信水平下该变量的检验结果 P 值为 0.0380 < 0.05。西北地区省级其他收入变量与被解释变量间存在负相关关系，相关性系数为 -0.476531，其 P 值检验结果为 0.0020 < 0.05，检验结果具有显著性。西南地区省级行政事业性收费变量的 P 值检验结果为 0.0041 < 0.05，该变量与被解释变量间存在显著的正相关关系，相关性系数为 0.848319。华南地区省级行政事业性收费变量的 P 值检验结果为 0.0073 < 0.05，该变量与被解释变量间具有显著正相关关系，且相关性系数为 1.193403。该地区的省级其他收入与被解释变量间存在显著负相关关系，相关性系数为 -0.576664，该解释变量的 P 值检验结果为 0.0360 < 0.05。华中地区省级罚没收入的 P 值检验结果为 0.0132 < 0.05，相关性系数为 -1.921354，该解释变量与被解释变量间存在显著的负相关关系。

表3	实证分析结果汇总			
	Coefficient	Std. Error	t - Statistic	Prob.
东北地区省级罚没收入	3.944373	0.955906	4.126316	0.0021
东北地区省级国有资本经营收入	1.424079	0.512831	2.776898	0.0196
东北地区省级其他收入	-0.904303	0.312912	-2.88996	0.0161
西北地区省级行政事业性收费	0.869807	0.401246	2.167766	0.0380
西北地区省级其他收入	-0.476531	0.141332	-3.371709	0.0020
西南地区省级行政事业性收费	0.848319	0.26204	3.237359	0.0041
华南地区省级行政事业性收费	1.193403	0.376022	3.173757	0.0073
华南地区省级其他收入	-0.576664	0.24654	-2.339027	0.0360
华中地区省级罚没收入	-1.921354	0.713119	-2.694297	0.0132

各省非税收入分项为省级罚没收入、省级国有资本经营收入、省级行政事业性收费、省级专项收入与省级其他收入。华东、华北地区的非税收入对经济增长的影响不显著；华中地区的省级罚没收入与经济增长

负相关；华南地区的省级行政事业性收费与当地经济增长正相关、省级其他收入与当地经济增长负相关；西南地区的省级行政事业性收费与当地经济增长正相关，其他非税分项不相关；西北地区的省级行政事业性收费与当地经济增长正相关，而省级其他收入与当地经济增长负相关；东北地区的非税收入分项与当地经济增长具有相关性的显著个数属地区最多，省级罚没收入、省级国有资本经营收入与当地经济增长正相关，省级其他收入与当地经济增长负相关（见表4）。

表4　　　　　　　不同地区非税收入分项对于当地经济增长的影响

分地区直观实证结果汇总：

东北地区	省级罚没收入正相关、省级国有资本经营收入正相关、省级其他收入负相关
西北地区	省级行政事业性收费正相关、省级其他收入负相关
西南地区	省级行政事业性收费正相关
华南地区	省级行政事业性收费正相关、省级其他收入负相关
华中地区	省级罚没收入负相关
华北地区	无显著相关非税分项
华东地区	无显著相关非税分项

六　结语

关于非税收入对经济增长的影响，已有文献大多从对全国整体经济或某一区域内当地经济的影响进行研究，较少关注到影响区域的差异性。基于此，本文研究了非税收入对经济增长影响的区域差异性。分析可知，非税收入影响经济增长有两种正效应和两种负效应。因此，非税收入对于经济增长影响方向的正负，应综合考虑政府部门收入转化为对地区投资的比率、非政府部门收入转化为对地区投资的比率、非税收入影响政府生产性投资内生要素的效应以及非税负担对劳动力要素积累造成的影响，然后通过比较几种效应的大小得知。实证检验结果表明，由于非税收入对经济产生的正负效应与其抵消作用，各省的省级罚没收入、省级国有资本经营收入、省级行政事业性收费、省级专项收入与省级其他收入在不同地区对于当地经济增长的影响存在正相关、负相关与不相关三种情况。根据研究结果，不同地区的当地政府应结合现实情况，发挥非税收入的正向效应，规避非税收入的负向效应，更好促进当地经济健康发展。本文不仅为当前非税收入对经济增长影响的不同作用提供了理论与实证证据，更为重要的是，它对政策制定者如何更好地引导非税收入健康增长，充分发挥非税收入作为公共财政体系第二命脉在整个经济发展中的支持作用具有重要的启示意义。

Abstract：This subject is based on the current non-tax revenue growth and the new normal economic situation in China, through literature research, qualitative analysis, quantitative analysis and empirical research, this paper studies the regional differences of non-tax revenue on regional economic growth. First of all, the theory and transmission mechanism of the correlation between non-tax revenue and economic growth are further studied and developed by constructing the Cobb-Douglas production function, the analysis shows that there are two positive effects and two negative effects of non-tax income on economic growth. Then, the latest panel data of each province among the seven regions of East China, South China, Central China, North China, Northwest China, Southwest China and Northeast China are analyzed by empirical test method, draw conclusions of the effect and influence of local government non-tax revenue on local economic growth in different regions. The empirical results show that, because of the positive and negative effects of non-tax income on the economy and its countervailing effect, there are positive correlation, negative correlation and non-correlation among provincial confiscation income, provincial state-owned assets income, provincial administrative fees, provincial special income and other provincial income in different regions. Therefore, according to the research results, local governments in different regions should combine the actual situation, exert the positive effect of non-tax revenue, avoid the negative effect of non-tax revenue, and promote the healthy development of local economy.

Key Words: Non-tax revenue; Economic Growth; Regional Differences; Panel Data Multiple Linear Regression

政府非税收入对经济
波动的"熨平"作用
——基于沿边区域经济增长差异视角

兰黎娜　　郭亚男　　盖达维　　李晓娜[*]

摘要： 在沿边地区逐渐从改革的末端转变为开放的前沿的背景下，为探索沿边地区特有的经济发展模式及在非税收入影响下的经济波动情况，本文运用 2005 年至 2017 年沿边地区的地级市面板数据进行实证研究，发现沿边地区整体的非税收入对经济周期的波动具有"熨平"作用，而分区域讨论，又与经济波动呈现出不同程度的作用效果。本文的政策启示是沿边地区经济发展具有特殊性，非税收入相较于非沿边地区，在基础设施建设、公共服务、收入条件方面具有更重要的意义。非税收入并非越多越好或越少越好，其对经济波动的影响要考虑区域差异性，其体量大小更要依据地区发展水平因地制宜。

关键字： 非税收入　沿边经济　经济波动

---

* 作者简介：兰黎娜，云南大学经济学院硕士研究生；郭亚男，云南大学经济学院硕士研究生；盖达维，云南大学经济学院硕士研究生；李晓娜，云南大学经济学院硕士研究生。

一　问题提出与文献回顾

非税收入是我国税收收入的重要补充，在财政收入体系中占有举足轻重的地位，同时也是各级政府筹措财政资金、理顺国民收入分配关系的重要手段。[①] 然而，我国区域发展差异明显，各省经济波动呈现出不同特征。以近十年的直观趋势来看，部分省份经济波动与非税收入增长波动呈现出相同趋势，而在另一些省份，二者之间并无明显关系。那么，非税收入在我国调节国民经济波动中如何发挥作用，是否存在区域分异？其调节机制有何差异？如何立足沿边省份基本特征，发挥非税收入对国民经济的最大调节作用，是本文进一步探索的核心。

（一）非税收入的概念界定与功能

政府非税收入概念是在预算外资金概念的基础上逐渐演变而成的。蒙蒂诺拉和温加斯特在维护市场的联邦主义的理论框架下讨论了预算外资金在经济发展中的积极作用，这一框架强调预算外资金完全由地方政府掌握，具有分权的性质。2004 年 7 月的《财政部关于加强政府非税收入管理的通知》首次对非税收入的概念进行界定，明确提出政府非税收入是指除税收以外，由各级政府、国家机关、事业单位、代行政府职能的社会团体及其他组织依法利用政府权力、政府信誉、国家资源、国有资产或提供特定公共服务、准公共服务取得并用于满足社会公共需要或准公共需要的财政资金。2007 年，非税收入成为中国政府预算分类科目，包含了一般公共预算内的所有非税收

---

① 张亚斌、彭舒：《非税收入对经济增长有贡献吗？——基于湖南省非税收入视角的经验证据》，《经济与管理研究》2014 年第 4 期。

入，具体包括政府性基金收入、专项收入、彩票资金收入、行政事业性收费收入、罚没收入、国有资本经营收入、国有资源（资产）有偿使用收入和其他收入共 8 项，该分类一般被看作小口径的非税收入。张德勇认为，政府提出非税收入概念并用非税收入管理来代替预算外资金管理，意味着政府要逐步将预算外资金在内的所有非税收入都纳入规范化的财政管理当中，用对待税收收入的方式来管理非税收入。[①] 李学文等认为，预算外资金因其自由裁量属性，能够容纳地方政府领导者的晋升激励、中下层官员的自我激励及二者结合形成的选择性激励，进而促进地方经济的发展，具有积极的作用。[②] 2011 年，根据财政部《关于将按预算外资金管理的收入纳入预算管理的通知》的要求，按预算外资金管理的收入被全部纳入预算管理，有些纳入一般公共预算管理，有些纳入政府性基金预算管理，还有些纳入财政专户管理。至此，以预算外资金形式存在半个多世纪的那部分政府收入全部被作为宽口径非税收入纳入预算管理。

（二）沿边地区经济增长的特殊性

随着对内改革和对外开放政策的实施，沿边地区经济发展开始步入正轨，从发展最落后的区域一度成为经济增长最快的区域，经历了总体向好的起伏发展阶段。[③] 但是不可否认，沿边地区经济发展总体提升的背后，仍然存在许多问题。丁刚认为，从经济发展水平来看，无论是总量还是人均，沿边地区与沿海地区相比，依然存在较大差

---

① 张德勇：《中国政府预算外资金管理：现状、问题与对策》，《财贸经济》2009 年第 10 期。

② 李学文、卢新海、张蔚文：《地方政府与预算外收入：中国经济增长模式问题》，《世界经济》2009 年第 8 期。

③ 孙久文、周玉龙、和瑞芳：《中国的沿边经济发展：现状、问题和对策》，《经济社会体制比较》2017 年第 2 期。

距。伴随着集聚效应，区域间差距进一步拉大①，使得区域协调发展成为党的十九大以来的重要战略。霍强认为，谈沿边经济的发展问题，避不开沿边地区经济的开发、开放，口岸作为沿边地区对外开放的通道，在边贸经济中发挥重要作用。口岸的形成与发展，不可否认地带动了相关产业的诞生与壮大，劳动力就业扩大，物质资本积累。②这为沿边地区的对外经贸发展创造了条件，也增加了地方财政收入。但是近年来，沿边地区由于基础设施落后，现代产业匮乏，呈现出边境贸易"两头在外"的局势③，制约了 20 世纪 90 年代初一批由边境贸易而发展起来的沿边城市。沿边省份自我发展能力的欠缺、体制机制的不完善、地方财政收入的吃紧、对传统要素配置与投入的依赖，仍然阻碍沿边地区经济的平稳健康发展。

（三）非税收入与经济增长的关系

对于非税收入与经济增长的关系，一些学者认为二者存在正向关系。王小利利用 VAR 模型，以预算外支出作为政府非税收入的代理变量，系统分析了政府非税收入与经济增长的长期均衡关系以及政府非税收入使用与 GDP 之间的关系，得出政府非税收入使用对经济增长的长期影响为正。④刘寒波等构建了包含非税收入、税收收入和 GDP 的模型，并在此基础上进行脉冲响应和方差分解，捕捉三者之间的动态关系，得出税收收入、非税收入和 GDP 存在长期稳定关系，非税收入对

---

① 丁刚：《沿边地区贸易和产业合作空间大》，《中国社会科学报》2013 年第 7 期。

② 霍强：《"一带一路"视角下沿边省区开发开放的经济增长效应研究》，《生产力研究》2018 年第 3 期。

③ 刘建利：《我国沿边口岸经济特殊性分析及发展建议》，《中国流通经济》2011 年第 12 期。

④ 王小利：《非税收入与经济增长长期关系的实证分析》，《山西财经大学学报》2004 年第 4 期。

经济增长的影响虽然不显著，但与经济发展具有正相关关系。[1] 王乔等通过研究发现 GDP 总量与政府非税收入互为因果，即经济增长能促进政府非税收入的增长，非税收入的增长也会反作用于经济增长。[2] 突破原有文献主要从总量、结构、管理几个方面分析的思路，常向东等提出要从管理环境、征收管理模式、管理配套措施几个方面对非税收入进行改善，以保证非税收入对经济发展的正效应。[3] 李维国建议构建征收、预算、执行、监督"四位一体"的非税收入管理新机制。[4] 彭岩针对黑龙江省非税收入改革中存在的问题，提出强化财政部门非税收入管理机构职能分工、增强非税管理工作的公开性和透明度等对策建议。[5] 综合以上观点，在合理征收、有效监管的体制机制下，非税收入不仅能调动各级地方政府和部门的积极性，为国家基础设施建设和公共服务提供资金支持，还对居民收入分配起到调节作用，从而促进社会经济的协调发展。[6] 这对于沿边地区公共财力不足，又要保障基础设施、民生服务，以提高经济总体协调能力具有重要意义。

另一部分学者持有相反观点，认为中西部地区因财政压力更大，不得不通过预算外收入弥补支出不足，这对地区经济效率和增长产生了不利影响。王志刚等通过分析得出，在控制其他因素的情况下，非税收入比例和经济发展程度呈"倒 U 形"关系，和地方一般预算盈

① 刘寒波、李晶、姚兴伍：《税收、非税收入与经济增长关系的实证分析》，《财政研究》2008 年第 9 期。

② 王乔、汪柱旺：《政府非税收入对经济增长影响的实证分析》，《当代财经》2009 年第 12 期。

③ 常向东、周琪璋、李永海：《地方政府非税收入管理的实证分析与完善对策——以甘肃省白银市为例》，《财政研究》2010 年第 6 期。

④ 李维国：《规范吉林省政府非税收入管理对策研究》，《长春金融高等专科学校学报》2010 年第 4 期。

⑤ 彭岩：《浅谈黑龙江省非税收入改革中存在的问题及对策建议》，《对外经贸》2017 年第 10 期。

⑥ 张亚斌、彭舒：《非税收入对经济增长有贡献吗？——基于湖南省非税收入结构视角的经验证据》，《经济与管理研究》2014 年第 4 期。

余呈负相关，与通货膨胀率呈正相关关系。[①] 江克忠等认为，在财政分权背景下，预算外资金与辖区经济发展水平存在显著负相关关系。[②] 白彦锋等借鉴经济周期的周期分析方法，对非税收入的经典周期特征和现代周期特征进行分析，并同 GDP 和税收收入的周期波动特征进行对比，研究认为改革开放之前，非税收入和 GDP 呈现明显的顺周期特征，改革开放后非税收入和 GDP 出现了反周期波动，经济的繁荣伴随的却是非税收入的下降。[③] 非税收入为地方政府不规范、随意的行为提供了物质条件，增加了企业和居民的生活成本与负担，严重抑制消费，阻碍经济增长[④]。

综上所述，对于非税收入与经济波动的研究，大部分学者从全国角度分析，得出经济增长与非税收入的整体关系，但很少有学者通过对各省经济增长差异的横向比较，得到非税收入调节机制的区际差异，尤其是缺乏针对沿边省份特有的经济发展模式，对沿边省份非税收入的深入分析。此外，对于经济波动的熨平机制研究，财政政策、货币政策都是学者研究的主要切入口，而未细化到非税收入的角度。非税收入在各个省份占比不同，征收方式略有差异，也给经济带来不同的作用。它尤其是在相对不发达地区的财政中占有举足轻重的地位，直接影响地方财源结构和财政收支结构的合理化，并对社会公共事业和宏观调控能力产生作用。基于此，本文从沿边地区经济增长差异的视角，尝试解释政府非税收入对经济波动的"熨平"机制。

---

① 王志刚、龚六堂：《财政分权和地方政府非税收入：基于省级财政数据》，《世界经济文汇》2009 年第 5 期。

② 江克忠、夏策敏：《财政分权背景下的地方政府预算外收入扩张——基于中国省级面板数据的实证研究》，《浙江社会科学》2012 年第 8 期。

③ 白彦锋、王婕、张琦：《非税收入和经济增长、税收收入的关系——基于周期分析的视角》，《新疆财经大学学报》2013 年第 2 期。

④ 张亚斌、彭舒：《非税收入对经济增长有贡献吗？——基于湖南省非税收入结构视角的经验证据》，《经济与管理研究》2014 年第 4 期。

二 经济波动与非税收入波动的基本情况

经济波动一直是政府宏观经济学和政府决策的核心。其循环往复的基本状况，使人们对其的剖析与解释从未停歇。人们对经济波动的早期认识源于正弦函数。经济学家认为，经济周期是多种随机冲击经过传播、放大和复合的结果，没有随机冲击就没有经济周期。[1] 相应地，对于经济周期波动的研究方法也在变化，从早期的平均值、标准差、波动系数、波谷、波峰等统计描述指标对经济波动进行量化刻画，到现代的经济周期理论关注消除趋势后的时间序列分析。考虑经济周期的波动特征、是否可持续、是否具有逆转性等[2]，本文综合考虑现代经济周期和古典经济周期的分析方法，在对经济波动进行客观描述之后，探索非税收入短期波动规律，关注非税收入与经济增长之间的波动关系、顺周期或逆周期的特征。

（一）非税收入的周期波动分析

非税收入周期波动大致分为四个阶段：第一阶段为 1978 年至 1988 年之间，即 1、2 周期。该阶段我国非税收入波动相对稳定，虽有起伏，但总体震荡不大。第二个阶段为 1988 年至 1996 年，横跨 3、4 两个波动周期。该阶段非税收入波动剧烈，波峰可达 80 以上，伴随着我国的体制改革。第三阶段，为 1997—2010 年，为 5、6 两个波动周期。相比第二阶段，这一阶段的波动幅度有所缓解，但处于体制机制改革、非税收入震荡、非税收入与财政收入交替增长的重要阶段。第四阶段，为 2011 年至 2017 年，即 7、8 两个波动周期。该时期减税降费在全国范围内得到响应，非税收入逐渐减

---

① Chatterjee, "From CyclestoShock, ProgressinBusiness—CycleTheory", *Business Review*, 2000.

② 白彦锋、王婕、张琦：《非税收入和经济增长、税收收入的关系——基于周期分析的视角》，《新疆财经大学学报》2013 年第 2 期。

少，波动趋缓。从波峰波谷的位置和上升与下降阶段的年数来看，非税收入总体呈现出不对称特征。上升阶段年份数总体小于下降阶段年份数。近40 年来，非税收入增速总体上呈现不断减少的趋势（见表 1）。

表 1　　　　　　　　非税收入周期波动特征分析

周期序号	起止年份	周期长度	上升阶段	下行阶段	峰位	谷位	平均增速（%）
1	1978—1984	7	2	5	177	5	41.3
2	1985—1987	3	1	2	44	17	32.1
3	1988—1990	3	2	2	67	1.8	43.5
4	1991—1996	6	4	2	82.9	6.0	35.9
5	1997—2002	6	4	2	28.9	2.1	16.8
6	2003—2010	8	4	4	9.9	63.1	31.2
7	2011—2014	4	1	3	29.0	12.3	18.1
8	2015—2017	3	0	3	6.9	3.0	4.6

资料来源：根据财政部网站、《中国财政统计年鉴》资料整理得到。

（二）非税收入与 GDP 的周期波动分析

从 GDP 的周期波动特征来看（见表 2），经济周期的波动变化可以分为三个阶段：1978 年至 1990 年的振荡期、1991 年至 2010 年的稳速增长期和 2010 年之后的经济增长速度减缓期。与非税收入相反，在 GDP 增长波动中，上行年份数多于下行年份数，波动幅度也明显小于非税收入的波动，维持在 10%—20%，最低谷位为 4%。

表 2　　　　　　　　经济周期波动特征分析

周期序号	起止年份	周期长度	上升阶段	下行阶段	峰位	平均增速（%）
1	1978—1981	4	2	3	11.7	8.1
2	1982—1989	8	3	5	13.4	10.5
3	1990—1998	9	5	4	14.2	10.3
4	1999—2011	12	10	2	14.2	10.1
5	2011—2017	7	2	5	9.6	7.2

资料来源：根据《中国统计年鉴》、EPS 数据库资料整理得到。

总体来看，自 1978 年以来，我国的经济增长波动与非税收入波动呈现出相似波动特征。除 1990 年前后，经济波动的波谷对应了非税收入的波峰以外，其他波动趋势基本相同，分别在 1986 年、1994 年、2006 年、2010 年迎来了较高的经济增长率和较高的非税收入增长率。而在 1982 年、2000 年、2010 年至今，处于波动周期的低谷点。我国非沿边地区与全国总体样本一致，呈现非税收入波动与经济增长波动的同周期性，而沿边地区则分省份呈现出非税收入与经济增长的不同波动情况（见图 1）。

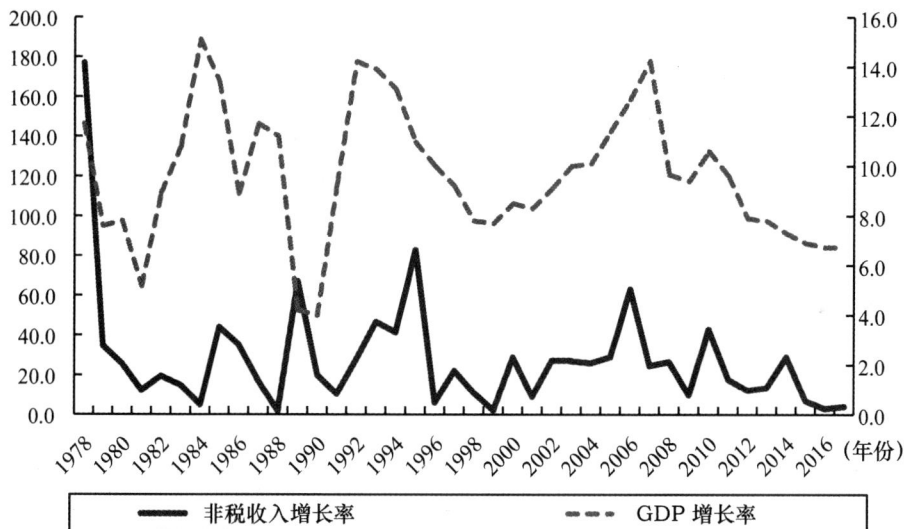

图 1　中国 GDP 与非税收入变动趋势比较

资料来源：根据财政部网站、EPS 数据库、《中国财政统计年鉴》资料整理得到。

（三）我国沿边省份非税收入与经济波动的基本现状

我国沿边地区处于改革开放的末梢，同时存在多民族聚居的特征，经济发展模式与沿海或者中部地区有一定差距。与此同时，由于整个经济体量较小，税源较少，所以沿边地区的非税收入对经济发展、税收结构、社会公共事业等发挥的作用也不一样。从近 20 年的经济增长与非税收入的增长率来看，云南、辽宁、黑龙江、广西形成了非常明显的非税收入波动与经济波动同周期性的特征，其中广西、黑龙江的非税收入波动相对滞后于经济增长，但基本趋势一致（见图 2）。而像内蒙古、吉林等省份的非税收入与经济波动的顺周期性并不突出。

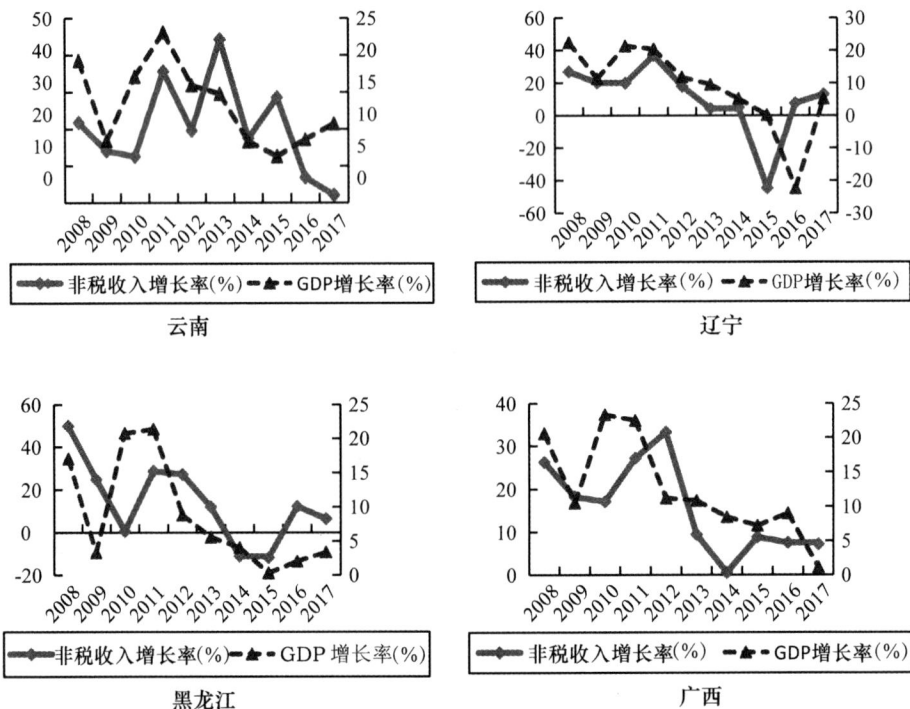

图 2　部分沿边省份非税收入与经济增长波动情况

资料来源：根据各省份财政厅网站资料、CEIC 数据库、EPS 数据库资料整理得到。

三　模型设计、数据和变量说明

（一）模型设定

本文研究重点是非税收入对中国沿边省份经济波动的影响。借鉴洪

占卿、郭峰[①]的方法,建立如下模型:

$$vgdp_{i,t} = \beta_0 + \beta_1 Ntax_{i,t} + \beta_2 X_{i,t} + \alpha_i + \varepsilon_{i,t} \qquad (1)$$

其中,下标 i 和 t 分别表示省份和时间段,$Vgdp_{i,t}$ 为被解释变量经济波动,$Ntax_{i,t}$ 为非税收入总额的对数,$X_{i,t}$ 为一组控制变量,α_i 为不随时间变化的省际固定效应,$\varepsilon_{i,t}$ 为随机扰动项。具体分析如下。

被解释变量为经济波动 $Vgdp_{i,t}$,其具体计算方法为固定样本长度的滚动标准差来度量经济增长率的条件波动。假设 GDP 增长率时间序列为 $\{yt\}$,$t=1,2,3,\ldots,T$。在样本区间 $[1,T]$ 取滚动时窗的长度为 k($k=3$),则 t 时期的滚动标准差 σ_t 为:

$$\sigma_t = 1/k_t \sum_{i=t-k+1}^{t} (y_i - \bar{y_t})^2, \bar{y_t} = k_t k_t \sum_{i=t-k+1}^{t} y_i \qquad (2)$$

核心解释变量是非税收入总额的对数($Ntax_{i,t}$)。非税收入是财政收入的重要组成部分,在促进国民经济增长、夯实民生建设、充实地方财力等方面都发挥了不可或缺的重要作用。一方面,随着我国 GDP 总量的不断提高,可供分配的"蛋糕"越来越大,即扩大了非税收入的来源,促进了非税收入的增长;另一方面,随着社会经济的发展,政府提供的公共服务日益增多,所管理的社会事务也日趋复杂,非税收入对于社会分配不均的调节、市场环境的改善、公共基础设施的增加、经济项目的投资等或将有利于以市场为主导的经济运行过程中不稳定因素的消除。

非税收入仅是影响经济波动的因素之一,除此之外,还有很多因素会对经济平稳发展产生影响。因此,本文参照现有文献标准方法,在非税收入之外引入了一组影响经济波动的控制变量:(1)对外贸易程度(import、export),包括贸易进口额占 GDP 的比重与贸易出口额占 GDP

---

① 洪占卿、郭峰:《国际贸易水平、国际贸易潜力与经济波动》,《世界经济》2012 年第 10 期。

的比重。经济增长理论告诉我们，国家和地区的发展不仅受到区域内供给与需求的影响，也与外部供给和需求息息相关。一方面，地区贸易开放水平越高，该地区遭受外部市场冲击的力度、可能性也就越高。而且，贸易的开放会引致国际市场的专业化分工。这虽然是提高国际市场效率的方式，但同时也会使地区对特定产业经济周期的波动更加敏感，加剧地区经济的波动程度。另一方面，贸易开放度的提高也可以扩大本地区市场的广度和深度，提高资源配置效率，从而通过外部市场消解区域内的经济冲击，减小经济波动。（2）信贷波动（loan），用金融机构信贷余额占 GDP 的比重表示。一方面，企业是社会经济的细胞，金融机构信贷余额反映了企业融资和发展状况，无疑会对经济发展产生影响；另一方面，信贷余额也是国家货币政策和财政政策的重要表现，加入信贷波动可以控制由于政策变化对经济波动的影响。（3）产业结构因素（industry）。宏观经济由不同产业构成，众多研究都表明，产业结构的高级化和合理化有助于经济的平稳运行，因而产业因素是影响地区经济波动的重要变量。（4）政府财政波动（expen），即政府一般预算支出占 GDP 的比重，它是政府履行一系列职能的基础，是政府规模的表现。（5）人力资本（students），用高等学校在校生人数表示。内生增长理论指出，人力资本积累是一国经济发展的重要保障，因而自然会对经济波动产生影响。

（二）数据说明

本文数据来自《中国财政统计年鉴》、财政部网站、CEIC 数据库和 EPS 数据库，包含了辽宁、黑龙江、吉林、内蒙古、新疆、西藏、云南、广西 8 个省份 68 个地级市 2005—2016 年间的数据。表 3 给出了主要变量说明和描述性统计。

表3   各变量描述性统计

变量	名称	样本数	均值	标准差	最小值	最大值
$Vgdp_{i,t}$	经济波动强度	543	0.692	1.682	0	30.494
$Ntax_{i,t}$	非税收入总额对数	814	7.172	1.172	0.270	10.878
ter-industry	第三产业	884	0.372	0.098	0	0.707
sec-industry	第二产业	884	0.451	0.131	0	0.910
import	进口贸易额	816	0.052	0.096	0	0.668
export	出口贸易额	816	0.079	0.148	0	1.298
loan	信贷波动	816	0.712	0.4693	0	3.211
expen	政府财政波动	816	0.187	0.091	0	0.585
student	人力资本	816	2.749	1.548	−0.796	6.236

四 实证结果与分析

（一）基准模型回归分析

表4呈现了基于（1）式估计得到的回归结果。可以看出，无论是固定效应还是随机效应，LnNtax 的系数都为显著的负值，说明非税收入对沿边地区经济波动的确有"熨平"作用。换句话说，非税收入对经济的平稳增长产生正向影响，非税收入征取有利于沿边地区经济的稳定。虽然在随机效应回归结果中许多变量不显著，但是核心解释变量的负系数也体现出对经济波动程度的负向作用。这一结果一定程度上回答了非税收入对沿边地区经济波动存在放大或是抑制作用的争论。但是沿边地区由于地域性、民族性等问题，经济发展模式间存在较大差异。非税收入对于地区经济增长波动影响的省级差异，需要我们进一步讨论。通过霍斯曼检验，x^2（8）＝54.296，P 值为零，因而拒绝随机效应的原假设，在进一步分析中使用固定效应模型。

表 4　　　　　　　　非税收入对经济波动的影响（全样本）

	Re		Fe	
	（1）	（2）	（3）	（4）
lnNtax	− 0.231 ***	− 0.458 ***	− 0.455 ***	− 0.406 ***
	（0.0764）	（0.137）	（0.126）	（0.129）
Tertiary −	− 0.919	− 2.642 ***	− 2.616 ***	− 3.525 ***
industry	（0.861）	（0.804）	（0.793）	（1.271）
Secondary −	1.675 **	3.347 ***	3.305 ***	
industry	（0.787）	（0.930）	（0.777）	
import	0.827	1.499 *	1.502 *	1.549 *
	（0.879）	（0.855）	（0.846）	（0.779）
export	− 0.430	− 0.959 **	− 0.972 **	− 1.075 **
	（0.304）	（0.459）	（0.451）	（0.511）
loan	− 0.0156	− 0.129	− 0.127	− 0.0863
	（0.0597）	（0.108）	（0.109）	（0.104）
finance	− 1.618 **	0.163		− 2.629 *
expenditure	（0.733）	（1.489）		（1.539）
student	− 0.0127	− 0.0515	− 0.0504	− 0.0320
	（0.0821）	（0.0980）	（0.0982）	（0.101）
_ cons	2.359 ***	3.791 ***	3.808 ***	5.777 ***
	（0.643）	（1.074）	（1.087）	（1.135）
N	609	609	609	609
R^2		0.093	0.093	0.078

Sargan-Hansen statistic　54.296　Chi-sq （8）　　*P*-value = 0.0000

注：***、**、* 分别表示通过1%、5%、10%的显著性水平检验；括号内为标准误。

从表4还可以看出，第二产业、第三产业也是影响经济波动的重要因素。随着我国的经济发展和产业结构转型，我国二、三产业发挥着越来越重要的作用，但是二者的作用方向相反。第三产业会减弱经济的波动程度,第二产业会强化经济的波动。具体来看,第三产业的发展有利于扩大就业,提高整个社会的消费需求,建立起消费需求与实际购买力之间的平衡,促进社会市场化程度的加深,成为解决就业压力、稳定社会的重要渠道。[①] 而第二产业由于重工业等自身的波动性较强及工业的杠杆效应明显,加剧了经济波动程度。进口对经济波动产生显著的正向作用,而出口刚好与之相反,对经济波动产生抑制作用。可以理解为进口极大地冲击了国内市场,在以中低端制造业为大的经济发展模式下,原材料、零配件等进口产品成本的波动和科技技术壁垒等显著影响国内经济波动。

在我国以出口为导向的发展方式下,常年存在贸易顺差、生产过剩的问题,出口则在一定程度上分散了国内市场压力,促进国内市场产品平衡,有利于我国经济早期的平稳发展。信贷因素(金融机构信贷余额占 GDP 的比重)在统计上不显著,但正的系数表示了企业融资与发展状况、国家货币政策等对于经济波动可能存在的正向影响。以一般预算支出占 GDP 的比重表示政府财政指标,体现出了政府规模与基本职能。在大政府的管理范式下,它也是影响经济波动的重要因素。人力资本积累是未来经济增长的重要保障,但在该回归结果中,对于经济波动的解释不显著。

(二)分组回归结果及进一步讨论

考虑沿边省份的异质性特征,本文根据沿边省份的地理因素将沿边 8 个省份分为由广西、云南、西藏组成的西南边疆省份,由内蒙古、新疆组成的西北边疆省份和由黑龙江、吉林、辽宁组成的东北边疆省份进行回归,进一步分析非税收入在各区域的作用情况(见表5)。

---

① 魏强劲:《第三产业对经济波动的缓冲作用及机制》,《求索》2012 年第 12 期。

表 5　　　　　　　　　非税收入对经济波动的影响（分样本）

	西北边疆	东北边疆	西南边疆
lnNtax	−1.159 **	−0.361 *	−0.00474
	(0.405)	(0.185)	(0.0531)
Tertiary −	−0.259	−9.983 ***	−14.17 ***
industry	(3.769)	(2.492)	(2.633)
Secondary −	1.291	−2.582	10.70 ***
industry	(3.668)	(2.616)	(3.499)
import	0.948	2.093 ***	1.551
	(3.437)	(0.739)	(0.906)
export	−23.18 *	−0.296	−0.131
	(11.33)	(0.489)	(0.325)
loan	0.0216	0.00654	−0.0448
	(0.304)	(0.123)	(0.0845)
finance	−3.034	0.201	−0.802
expenditure	(10.84)	(2.147)	(0.704)
student	−0.656	0.209	−0.0828
	(1.581)	(0.184)	(0.0772)
_ cons	13.25	7.456 ***	10.85 ***
	(7.310)	(2.184)	(2.503)
N	99	306	204
R^2	0.106	0.302	0.319

注：***、**、* 分别表示通过 1%、5%、10% 的显著性水平检验；括号内为标准误。

　　由表 5 可以看出，在由内蒙古、新疆构成的西北边疆省份中，非税收入对经济波动仍然具有显著的"熨平"作用，且"熨平"系数大于全国水平，达到 1.159。东北边疆省份中，"熨平"系数在 10% 的显著性水平下有所下降，非税收入对东北经济波动的"熨平"作用减小。在西南边疆省份中，非税收入的"熨平"作用不显著。此外，还可以看出，虽然不显著，但东北边疆省份的第二产业对经济波动作用方向与其他分组及全样本回归结果相反的情况，或许可以说明多年来工业在东北经济中发挥的重要作用，一定程度上稳定了经济波动。在进出口方面，进口因素显著影响了东北经济的波动；因西北边疆的出口在10%的显著性水平下，减弱了它的经济波动程度。

五　结论与政策建议

非税收入作为我国财政收入的重要来源，其对于经济波动的争论从未停止。本文基于我国沿边8个省份2005—2017年政府非税收入与经济波动的实证分析，可以得到以下基本结论与政策建议。

无论从全样本还是分组回归来看，政府非税收入对沿边地区经济波动都呈现出"熨平"作用。其中，西北边疆省份"熨平"作用最明显，东北边疆省份次之，西南边疆省份作用最弱。经济增长是非税收入增长的基础，一定规模的非税收入又有利于社会"大蛋糕"的分配，调节经济波动，实现经济平稳运行。

非税收入在各个区域经济波动中作用大小不同，对于非税收入是越多越好，还是越少越好不能一概而论。非税收入可以显著缓解西北地区的经济波动，第三产业产值、出口、财政支出、人力资本等因素在一定程度上也能产生缓解作用。区别于其他区域，东北边疆的第二产业与非税收入作用方向相同，可进一步考虑二者对经济波动的"熨平"效果。西南边疆非税收入对经济波动的"熨平"作用系数小，且不显著，可能的解释为西南边疆中西藏地级市样本量的缺失。同时，相较于其他区域，西南边疆中西藏、云南、广西三个省份的地理、经济、社会等方面差异更大，导致最终结果的不显著。在西南省份中，非税收入的征取更要因地制宜。

Abstract：In the context of the gradual transition from the end of reform to the open frontier in the border areas, in order to explore the unique economic development mode of the border areas and the economic fluctuations under the influence of non-tax income, this article uses the border areas from 2005 to 2017 Empirical research on prefecture-level city panel data. It is found that on the whole, the non-tax income of the border regions has a "stabilizing" effect on the fluctuations of the economic cycle, while sub-regional discussion shows that the non-tax income of each region has a different degree of effect on economic fluctuations. The policy enlightenment of this article is that the economic development of border areas is unique, and non-tax revenue is more important than non-border areas in terms of infrastructure construction, public services, and income conditions. Non-tax revenue is not as much as possible or as less as possible. Its impact on economic fluctuations must take into account regional differences, its size, and local conditions based on the level of regional development.

Key Words：Non-tax Income；Border Economy；Economic Fluctuation

中国地方政府非税收入竞争与区域经济增长关系研究

刘林龙　郑丽楠[*]

摘要： 本文立足非税收入的系统研究，以非税收入内涵及其对经济的增长效应的相关理论为研究基础，首先从规模、结构和管理三方面对我国现阶段非税收入情况进行描述，以期全面把握我国非税收入具体实情，再对我国地方非税收入竞争水平进行测度，验证空间相关性。其次，运用2007年到2017年全国31个省市的相关数据对地方政府非税收入的经济增长效应进行实证分析，得出非税收入的经济增长效应与地区的经济发展程度有关，经济不发达地区非税收入的经济增长效应为正，而经济发达地区的非税收入经济增长效应为负。

关键词： 非税收入　经济增长　空间相关性

一　引言

政府非税收入概念是在预算外资金概念的基础上逐渐演变而成的。

---

* 作者简介：刘林龙，云南大学经济学院博士研究生；郑丽楠，云南大学经济学院博士研究生。

2004 年 7 月，《财政部关于加强政府非税收入管理的通知》首次对非税收入的概念进行界定。1994 年税制改革以来，我国经济总量平均增幅为 13%，同期政府非税收入增幅为 16%。[①] 非税收入超经济增长引起了学者们的广泛关注。此外，非税收入是政府为了满足社会公共需要或准公共需要，参与国民收入分配和再分配的一种形式。它作为我国地方财政收入的有机组成部分，是各级政府除税收以外最重要的财政收入来源，在地方财政收入中占有举足轻重的地位。另外，非税收入为我国各级政府实现经济、社会等职能提供了有力的资金支持，解决了许多经济发展中的瓶颈问题，从而为我国经济保持较高的增长速度奠定了一定基础。在财政分权制度下，各地方政府为了实现各自辖区利益的最大化，将产生不同程度的竞争，而竞争最主要的政策工具就是税收。因此，税收竞争一直都是公共经济学研究的重点。随着计量经济学的发展和应用，国内外学者通过大量实证研究证实了地方政府间存在税收竞争。近年来，国内学者研究发现，我国地方政府间同样存在一定程度的税收竞争。我国的税收竞争与国外的税收竞争最显著差异在于，国外财政联邦体制下的地方政府均拥有相对完整的独立税权。而就我国财政分权实践来看，地方政府并没有独立税权，仅拥有部分的税收管理权。随着"营改增"的大力推动，税收竞争的空间更为有限。值得注意的是，除了税收之外，我国地方政府拥有大量的非税收入。非税收入是当前各级政府财政收入的组成部分，也是在建设中国特色社会主义道路中国家参与国民收入分配的重要形式和实施宏观调控的重要工具。因此，非税收入竞争能够成为我国地方政府税收竞争的延展。对于非税收入竞争的研究将能够有力地拓展现有税收竞争的边界，进一步解释地方政府竞争的现状。

---

　　① 数据来源：国家统计局。

二　文献综述

目前，学术界对非税收入的研究主要集中在非税收入的内涵研究、非税收入管理研究以及非税收入竞争与区域经济增长关系的研究。

（一）非税收入内涵研究

国外学术界很少对非税收入进行专门研究，这是因为国外政府收入中的非税收入比例极小，国外的财政理论中甚至没有非税收入的概念。学者们更多关注的是规费和使用费，通常仅将非税收入纳入公共财政收支范畴进行研究。如哈维·罗森指出，使用费是政府对使用和消费由其提供的物品或服务的对象征收的价格补偿。[1] 大卫·海曼指出，使用费与传统意义上的市场定价机制不同，它是政府根据成本补偿原则和公益原则确定的。[2] 约翰·米克塞尔指出，使用费（规费）是政府对自愿购买公共产品的人进行收费所形成的收入。[3] 约瑟夫·斯蒂格利茨也认为使用费是政府对公共产品受益人征收的，具有一定合理性。[4] 我国早期并没有"非税收入"这一名词，学术界和政府实际工作中使用的是"预算外资金"。但由于我国不断提高预算管理的要求，"预算外资金"的提法已经不能满足政府财政改革的需要，于是 2001 年 11 月财政部在颁发的《关于深化收支两条线改革　进一步加强财政管理意见》文件中首次使用了"非税收入"的概念，2003 年 5 月的财综〔2003〕29 号

---

① ［美］哈维·罗森：《财政学》，赵志耘译，中国人民大学出版社 2003 年版，第 460 页。

② ［美］大卫·海曼：《财政学理论在政策中的当代应用》，张进昌译，北京大学出版社 2006 年版，第 78 页。

③ ［美］约翰·米克塞尔：《公共财政管理：分析与应用》，苟燕楠、马蔡琛，中国人民大学出版社 2005 年版，第 386 页。

④ ［美］斯蒂格利茨：《公共部门经济学》，郭庆旺译，中国人民大学出版社 2005 年版，第 183 页。

文件进一步对非税收入的内涵做了界定。此后，理论界也对非税收入的内涵进行了大量的探讨，如李友志①、王小利②、贾康和刘军民③、王蓓等学者都对非税收入概念及内涵的丰富与完善做出了巨大贡献。他们都认为非税收入是有别于税收收入和债务收入的财政资金，是政府收入的有机构成部分。已有研究还对非税收入、税收收入以及预算外资金等财政收入工具做了全面辨析。如黄凤银④按照是否纳入预算管理将非税收入划分为预算内非税收入和预算外非税收入（预算外资金）两类。王莉⑤则认为非税收入的内涵更为广泛，它包括政府收入中除了税收收入之外的所有收入，预算内非税收入和预算外资金仅是非税收入的一部分，除此之外，非税收入还应包括制度外收入。

（二）非税收入管理研究

由于国外对非税收入的研究较少，其对非税收入管理方面的理论大多是从政府的实践工作中总结出来的。国外理论界普遍认同全预算管理的非税收入的管理理念。如加拿大将各项基金交由出纳总署统一管理；法国实行总预算及国库专用收支和附属预算两种预算试，确保各项非税收入均在国家预算管理范围内。

我国的非税收入管理一直是非税收入的研究重点，且学者们的关注点大多集中在非税收入管理存在的问题、产生问题的原因及非税管理改革建议几方面。首先，国内学者普遍认为我国非税收入管理存在

---

① 李友志：《加强和规范政府非税收入管理》，《中国财政》2003 年第 7 期。
② 王小利：《非税收入与经济增长长期关系的实证分析》，《山西财经大学学报》2004 年第 4 期。
③ 贾康、刘军民：《非税收入规范化管理研究》，《华中师范大学学报》（人文社会科学版）2005 年第 3 期。
④ 黄凤银：《规范非税收入管理 提高非税收入管理水平》，《预算管理与会计》2018 年第 3 期。
⑤ 王莉：《学习理解政府收支分类改革对非税收入管理的影响》，《时代经贸（中旬刊）》2008 第 S7 期。

漏洞，如贾康等①、汪建国②、潘明星和匡萍③均提出我国非税收入存在规模大、征收主体多、执行不规范、管理混乱等问题，从而产生了扭曲资源配置、加重社会负担、削弱国家宏观调控等负面效应。赵永冰④认为我国并非对所有非税收入都进行了良好的预算管理，如国有资源（资产）有偿使用、国有资本经营收益等就缺乏严格的预算管理制度，预算管理相对松散。钱锋⑤等人实证研究也发现我国非税收入规模大、结构不合理、二次分配问题严重。汪建国⑥认为，我国非税收入管理存在着制度不健全、管理效率低下、管理制度不适应财税改革需要等一系列的问题。王莉⑦和郭玲梅⑧的研究也得出类似结论。其次，对于造成非税收入问题的成因，我国学者也进行了多方面的研究。比如李建兵⑨通过研究发现，虽然政府在不断完善对非税收入的管理，但非税收入仍然存在问题，归根结底是由于政府管理的缺位。王小利⑩则将非税收入管理产生问题的原因归结为以下四个方面，即政策制定、征收体制、征收部门以及监督管理。贾康、刘军民⑪分析指出我国财政收入多元化、非税收入规模膨胀既有体制方面的原因，又有非体制的压力。成军、闻广玉⑫进一步指出，在我国处于经济转轨的背景下，政府和市场关系不明确、各级政府事权界定不清晰是非

---

① 贾康、刘军民：《非税收入规范化管理研究》，《税务研究》2005 年第 3 期。

② 汪建国：《政府非税收入管理创新的路径选择》，《江淮论坛》2005 年第 1 期。

③ 潘明星、匡萍：《创新政府非税收入管理方式的思考》，《中国行政管理》2005 年第 2 期。

④ 赵永冰：《当前非税收入管理中存在的主要问题》，《经济研究参考》2008 年第 60 期。

⑤ 钱锋：《非税收入"银行代收"的征管实践》，《中国财政》2005 年第 2 期。

⑥ 汪建国：《政府非税收入管理创新的路径选择》，《江淮论坛》2005 年第 1 期。

⑦ 王莉：《学习理解政府收支分类改革对非税收入管理的影响》，《时代经贸》（中旬刊）2008 年第 57 期。

⑧ 郭玲梅：《加强和规范政府非税收入管理的思考》，《安徽广播电视大学学报》2008 年第 1 期。

⑨ 李建兵：《往来资金和代管资金不应纳入非税收入管理》，《四川财政》2002 年第 9 期。

⑩ 王小利：《我国政府非税收入体系的基本特点》，《经济研究参考》2005 年第 47 期。

⑪ 贾康、刘军民：《非税收入规范化管理研究》，《税务研究》2005 年第 4 期。

⑫ 成军、闻广玉：《规范、协调、有效：河北省非税收入管理的改革方向》，《地方财政研究》2009 年第 9 期。

税收入问题产生的根源，非税收入膨胀的直接原因就是财政体制不完善，根本原因在于财政关系不规范，政府间事权、财权不匹配，内在原因是政府职能转变不到位。潘承祥[①]认为是财政体制落后、收支挂钩、部门利益化以及政府财权分散化是导致非税收入产生一系列问题的主要根源。

（三）关于非税收入对经济增长效应的研究

关于非税收入与经济增长的关联，始于学术界对于财政政策与经济增长的探讨。根据新古典增长模型[②]的观点，政府收支结构并不会对经济增长产生影响，但是内生增长模型[③]认为政府财政收入与支出中的某些项目将影响人力资本和物质资本的存量，而人力资本与物质资本存量又会对经济增长的稳态产生影响，由此引发了学界对于政府收支结构与经济增长之间关系的探讨。如内勒等（1999）将政府财政收支政策纳入统一的研究框架，研究表明考虑非税收入之后的财政收入分权程度将会对经济增长产生更加积极的作用。由此可见，国外关于非税收入与经济增长的研究相对较少，并且尚未得出一致结论。

近些年来，我国越来越多的学者开始关注非税收入的经济增长效应研究，但得出的结论却并不一致。大部分学者的研究结果显示，地方非税收入有利于促进地区经济的增长。如王小利[④]通过 VAR 模型模拟预算外收入与 GDP 之间关系时发现非税收入能够起到促进经济发展的作用，

---

① 潘承祥：《构建公共财政体制的重要基础——规范非税收入管理》，《安徽财会》2005年第10期。

② Robert M. Solow, "A Contribution to the Theory of Economic Growth", *The Quarterly Journal of Economics*, Vol. 70, No. 1, Feb. 1956, p. 32; T. W. Swan, "Economic Growth and Capital Accumulation", *Economic Record*, Vol. 32, No. 2, Feb. 1956, p. 340.

③ Barro, R. J., "Government Spending in a Simple Model of Endogenous Growth", *Journal of Political Economy*, Vol. 98, No. 5, June. 1990, p. 114; Lucas, R. E., "On the Mechanics of Economic Development", *Journal of Monetary Economics*, Vol. 22, No. 1, Wed. 1988, p. 25.

④ 王小利：《非税收入与经济增长长期关系的实证分析》，《山西财经大学学报》2004年第4期。

且两者间的关系在长期来看是均衡的。刘寒波、李晶等的研究也表明，非税收入对经济增长的效应总体上为正。[①] 王乔等通过对预算内外资金与 GDP 进行协整检验发现，非税收入能够正向作用于经济增长，经济增长也会反作用于非税收入增长，两者互为因果，互相促进。[②] 李永友、沈玉平进行的实证研究表明，地方政府利用非税收入弥补财政收入的行为能够有效促进地方经济增长。[③] 刘志雄设定的模型也得出一般预算内非税收入对经济增长的作用效果为正的实证结论，并且，西部地区非税收入的正向效应比中东部地区显著。[④] 白彦锋等人通过从全国、中央、地方三个层面分析非税收入的经济效应，发现非税收入自身对经济增长的作用力不大，但非税收入数量的增长会显著促进地区的经济增长。[⑤] 杨莉敏等通过研究 1978—2012 年一般预算内非税收入与地方 GDP 的相互关系发现，非税收入能在一定程度上促进地方经济的增长。[⑥] 童锦治等全面考察了非税收入与地方经济增长的关系。他们采用全口径的非税收入为代表变量，其研究结果显示，非税收入对经济增长的作用效果不显著，但非税收入竞争能有效促进地方的经济增长。[⑦] 此外，也有一部分学者通过研究发现非税收入不利于甚至会阻碍地方的经济增长。例如，苏明等通过分析发现，由于大部分非税收入不被纳入政

① 刘寒波、李晶、姚兴伍：《税收、非税收入与经济增长关系的实证分析》，《财政研究》2008 年第 9 期。

② 王乔、汪柱旺：《政府非税收入对经济增长影响的实证分析》，《当代财经》2009 年第 12 期。

③ 李永友、沈玉平：《财政收入垂直分配关系及其均衡增长效应》，《中国社会科学》2010 年第 6 期。

④ 刘志雄：《非税收入对中国经济增长的作用——基于全国 31 个省区面板数据的实证》，《生产力研究》2012 年第 9 期。

⑤ 白彦锋、王婕、张琦：《非税收入和经济增长、税收收入的关系——基于周期分析的视角》，《新疆财经大学学报》2013 年第 2 期。

⑥ 杨莉敏、孔刘柳、沈晏妮：《我国非税收入与经济增长的实证关系研究》，《中国集体经济》2014 年第 19 期。

⑦ 童锦治、李星、王佳杰：《非税收入、非税竞争与区域经济增长——基于 2000—2010 年省级空间面板数据的实证研究》，《财贸研究》2013 年第 6 期。

府的预算管理，非税收入规模异常膨胀，企业和居民负担不断加重，非税收入成为制约地方经济发展的不利因素。[①] 李友志以湖南省为例研究非税收入时发现，地方非税收入规模过大会侵蚀地方税源，挤占地方税收收入，削弱中央的宏观调控力度，同样不利于地方经济的长期稳定发展。[②] 可以看出，虽然国内学者们已对非税收入的经济增长效应进行了比较丰富的研究，但由于考察的是不同时期的非税收入，又采取了不同的非税收入变量指标，因此得出了两种相反的结论。

通过对以往文献的整理归纳，可以发现，非税收入的大小直接决定了政府对于经济的干预程度，这对区域经济增长产生了一定的影响。非税收入竞争直接影响地方政府非税收入的决策，非税收入对经济增长也会产生影响。但以往文献对非税收入的关注点主要集中在非税收入对经济增长的研究上，且研究较为薄弱，结论也不尽一致，对于非税收入竞争对区域经济增长影响差异的研究，特别是从理论机制上来研究地方政府之间的竞争与地区经济增长关系的文献更是较少。

三　中国地方政府非税收入竞争与区域经济发展现状

（一）地方非税收入总体规模及结构变化趋势的分析

从地方非税收入总量来看，除 2008 年和 2012 年受到"税费改革"、国际金融危机以及取消预算外收入等因素的影响有所下降之外，我国地方政府非税收入规模保持了较快的增长态势，从 2007 年的 25582.5 亿元增加到 2017 年的 67462.3 亿元，增长了 1.64 倍。从相对规模来看，

---

① 财政部课题组、李林池、苏明：《建设节约型政府的财政政策研究》，《中国财政》2008 年第 19 期。

② 李友志：《加强和规范政府非税收入管理》，《中国财政》2003 年第 7 期。

地方非税收入占 GDP 的比重较为稳定，2010 年达到高位的 9.33%，2011 年后有所回落，但在总体上来看，非税收入总量呈现平稳态势（见表 1）。

表 1　　　　　　　我国地方非税收入总量及分类非税收入规模

年份	非税收入总量（亿元）	预算内非税收入（亿元）	预算外收入（亿元）	国有土地出让收入（亿元）	预算内非税收入占GDP比重（%）	预算外非税收入占GDP比重（%）	国有土地出让收入占GDP比重（%）	非税收入总量占GDP比重（%）
2007	25582.5	4320.5	6289.9	14972.1	1.54	2.25	5.35	9.15
2008	25436.3	5394.7	6125.2	13916.4	1.62	1.84	4.18	7.63
2009	34499.6	6445.2	6062.6	21991.8	1.76	1.66	6.02	9.44
2010	40771.1	7911.6	5395.1	27464.5	1.81	1.23	6.28	9.33
2011	42580.8	11440.4	0	31140.4	2.19	0	5.97	8.17
2012	40769.9	13759.2	0	27010.7	2.39	0	4.68	7.07
2013	54262.3	15120.3	0	39142.0	2.38	0	6.17	8.55
2014	57213.4	16736.7	0	40476.7	2.45	0	5.91	8.36
2015	60315.6	20340.1	0	39975.5	2.81	0	5.53	8.35
2016	63984.9	22547.7	0	41437.2	2.89	0	5.31	8.20
2017	67462.3	22796.7	0	44665.6	2.69	0	5.27	7.96

从非税收入结构来看，虽然非税收入总量在不断膨胀，但是不同类别的非税收入却出现了不同的变化趋势（见图 1、图 2）。其中，预算内非税收入规模保持持续增长，从 2007 年的 4320.5 亿元增长到 2017 年的 22796.7 亿元，增长了 4.28 倍，其占 GDP 的比重由 2007 年的 1.54% 增长至 2014 年的 2.69%。预算内非税收入占 GDP 比重的提高，说明其在地方非税收入体系中的重要性不断增强。预算外收入规模呈现了持续下降的变化趋势，2007 年地方预算外收入 6289.9 亿元，2010 年下降到 5395.1 亿元，2011 年后预算外收入彻底退出历史舞台。相应地，预算外收入占 GDP 的比重也呈现了递减的态势，从 2008 年的最高

值 2.25%，随后逐年降低，2011 年所有预算外收入全部被纳入预算管理。国有土地出让收入的规模呈现波动增长的趋势，由 2007 年的 14972.1 亿元上升至 2017 年 44665.6 亿元，其占 GDP 的比重由 5.35% 上升至 2010 年的 6.28%，到 2017 年又下降到 5.27%。

综上所述，本文发现地方非税收入总量在绝对规模和相对规模上呈现出明显的扩张态势。就其构成而言，三类非税收入的变化趋势存在显著差异。

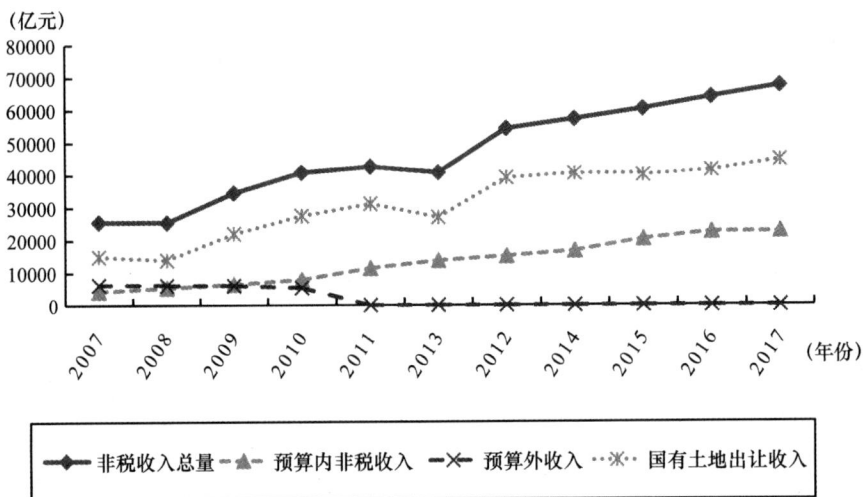

图 1　2007—2017 年我国地方非税收入规模趋势

（二）我国地方非税收入竞争水平测度

为了对我国地方政府非税收入竞争水平进行测度，在此选取 2007—2017 年各省（自治区、直辖市）的非税收入负担水平，用来描述各省（自治区、直辖市）的竞争状况和程度，以此表示该地区在我国地方政府间非税收入竞争中所处的地位。非税收入负担水平是采用统计年鉴中地方非税收入与地区 GDP 的比值来表示的。

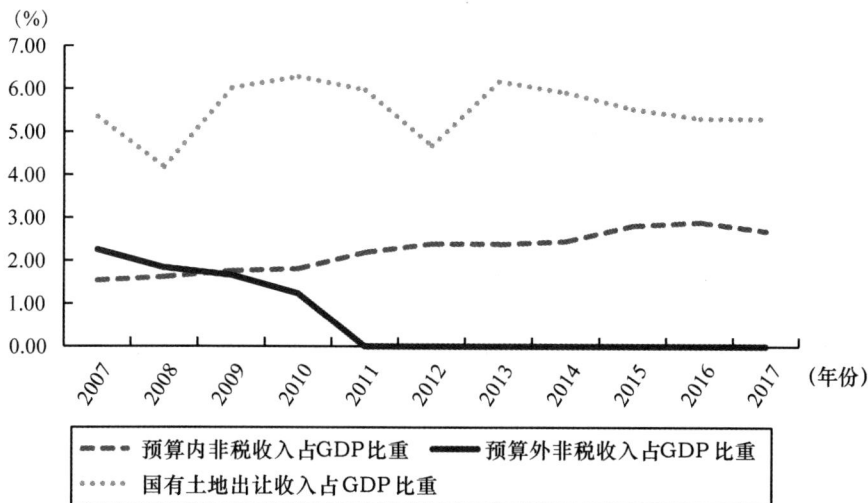

图2　2007—2017 年我国地方非税收入占 GDP 比重变化趋势

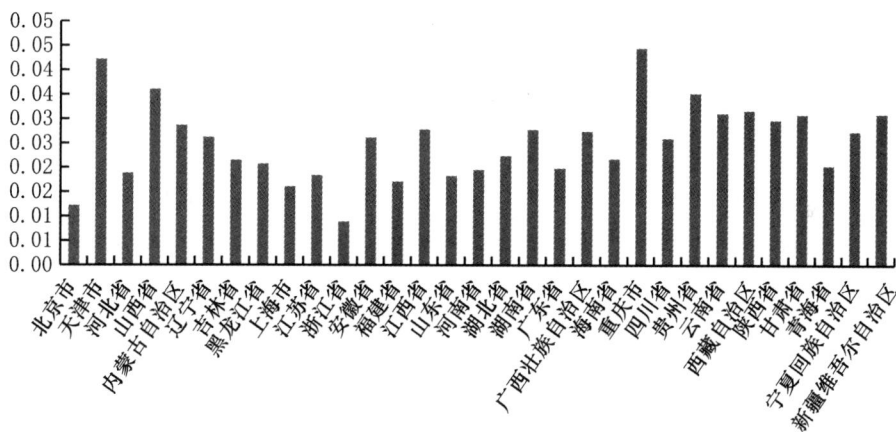

图3　2007—2017 年各省（自治区、直辖市）的平均非税负担水平

如图3所示，观测时间内，不同地区的平均非税收入负担水平更是千差万别，差距较大。这足以显示，我国地方政府的非税收入负担水平并没有出现一致性，还拥有足够的自主权限和空间展开税收竞争。

（三）中国地方非税收入竞争的空间相关性检验

空间相关性检验是空间统计分析的一种，其核心就是认识与地理位置相关的数据间的空间依赖、空间关系或空间自相关，通过空间位置建立数据间的统计关系。随着地理经济学的兴起，空间问题越来越多地出现在经济学研究领域，经济的概念也不再是单维度和非空间的。空间计量经济学逐渐成为经济管理研究的重要分析技术和工具。

在实际研究过程中，空间相关性检验是空间计量模型估计前必不可少的环节。利用空间自相关检验，可对地方政府间税收竞争的目标变量是否存在空间相关性进行一个简单的判断。如果存在，则可以在相关经济理论基础上进一步建立空间计量经济模型进行下一步检验。目前，判断变量空间相关性的方法主要有 LM - Lag 检验、拉格朗日乘子 LM - Error 检验以及稳健的拉格朗日乘子检验 R - LMlag。最常用的是 Moran'I 检验。无论选择何种空间相关性检验方式，需要先构建一个空间加权矩阵。空间加权矩阵的设定是空间计量模型的关键，也是地区之间受空间因素影响的体现。通常定义各二元的对称空间加权矩阵 W，来表示 N 个地区的空间区域的邻接关系。

它可以根据邻接标准来度量。二进制邻接矩阵是最常用的空间权重矩阵的规则。当各地区拥有相同的共同边界则视为相邻，否则视为不相邻，它分别用 0、1 来表示地区之间的邻接关系。矩阵 W 的设定方式如下：主对角线上的元素均为地区 i 与地区 j 相邻，则为 1，否则为 0。实证估计时，W 还需要经过行标准化处理，用每个元素同时除以所在行元素之和，使得每行元素之和为 1。使用 Moran 指数进行空间自相关检验，其计算公式为：

$$Moran'I = \frac{\sum_{i=1}^{n} \sum_{j=1}^{n} W_{ij}(Y_i - \bar{Y})(Y_j - \bar{Y})}{S^2 \sum_{i=1}^{n} \sum_{j=1}^{n} W_{ij}} \qquad (1)$$

其中，$S^2 = \sum^{n}(Y_i - \bar{Y})^2$，$\bar{Y} = \sum_{i=1}^{n} Y_i/n$。$Y_i$ 代表第 i 个地区的观测值，n 为地区总数。Moran 指数大于 0，表示各个地区变量空间正相关，指数越大，空间相关性越强；小于 0，表示空间负相关；等于 0，表示各个地区不存在空间关联。本文的研究对象是地方政府间的非税收入竞争，因此观测值 Y 选用各个地区的宏观税负水平作为检验对象，对地方政府间存在的非税收入竞争进行统计检验。

本文采用 Stata 14.0 计算出各地方政府非税收入竞争的 Moran'I 指数，选择 2007—2017 年各个地区的相关数据进行检验（见表 2）。可以看出，从 2007 年到 2017 年，各地方政府税收竞争的 Moran'I 数值都超过了 5% 的置信水平线。这表明我国的地方非税收入负担水平在空间分布上有着较为明显的正相关关系，也就是说，其他地区非税收入负担水平的变动会引起本地非税收入负担水平的同向变动，因此，借助空间计量模型来研究地方政府间非税收入竞争问题是完全可取的。与此同时，Moran'I 指数每年也呈现出不断上升的趋势，由 2007 年的 0.244 上升至 2017 年的 0.279，这表示地区间税率的空间依赖性在不断增加，地方政府间非税收入竞争有着较为明显的"竞争到底"现象。

表 2　　　　　　　　2007—2017 年非税收入 Moran'I 数值统计

年份	2007	2008	2009	2010	2011	2012	2013	2014	2015	2016	2017
Moran'I 指数值	0.244	02.49	0.253	0.256	0.249	0.256	02.52	0.259	0.267	0.271	0.279
P 值	0.001	0.001	0.001	0.001	0.001	0.001	0.001	0.001	0.001	0.001	0.001

（四）中国地方非税收入竞争形式

1. 调整收费项目

对行政事业性收费项目，其实行的是中央和省两级审批制度，由国务院和省级政府及其财政、价格主管部门按照国家规定权限审批管理项目收费。过去，对于行政事业性收费和政府性基金收费，我国各地均存在有部门对行政审批设置前置条件，利用行政权力，变公共服务为有偿服务，变自愿服务为强行委托、强制服务、强行收费，变行政审批为收费审批。有的部门变相转移行政职能，通过所属单位或者指定中介机构，强制开展监督、检查、评审、论证、培训等，并收取费用，甚至存在继续征收和变化名称继续征收国家已明令取消的收费项目。

近年来，随着财力的增强和政府公共服务职能的强化，中央要求各省全面清理省级设立的行政事业性收费项目和政府性基金项目，取消重复设置、收费养人以及违背市场经济基本原则的不合理收费，对未经国务院和省级人民政府有关部门批准设立的收费项目一律取消，实行目录清单管理，接受社会监督。通过进一步规范行政事业性收费项目和标准，一定程度上减轻了企业和个人的负担，改善并优化了区域发展环境，为促进区域经济发展创造了良好的条件。如湖南省响应国务院部门的号召，对接近 200 项行政审批事项采取下放或者取消的措施，前置审批事项的 85％ 也更改为后置审批，加上中央层面取消、停征、减免 420 项行政事业性收费和政府性基金，这一举措使得企业和个人负担减少了接近 200 亿元。这个举措很好地解放和发展了当地的生产力，激发了当地市场活力和社会创造力，促进了稳增长、调结构、惠民生，也推动了政府治理能力提升和廉政建设，取得了一举多得的成效。

2. 调整征收标准

行政事业性收费标准同样实行中央和省两级审批制度。过去各地存在不执行国家已明令降低的收费标准，超标准收费和多头收费、重复收费或者对一些收费和基金不能做到应收尽收，有些单位甚至随意降低收费标准。如在实际的非税收入标准上，湖南省降低了非税收入的标准线，分别在取消部分收费项目的基础上降低收费标准，要求各执收单位不得随意免收、减收、缓收，从而使得非税收入水平从整体上得到更好的提升。

3. 出让国有土地

按照《中华人民共和国城镇国有土地使用权出让和转让暂行条例》规定，土地使用权的出让由市、县人民政府负责。目前，我国国有土地使用权出让的方式有三种：协议、招标、拍卖。招标和拍卖具有公开性、竞争性，协议出让由于没有引入竞争机制，土地出让收入的确定存在主观因素。针对土地出让收入征收管理不到位，土地出让支出管理不尽规范，湖南从2014年起开始全面清理土地优惠政策，加强土地出让收入征管，规范土地出让收入使用管理，强化土地出让收支预决算管理。土地出让收支全额纳入政府性基金预算管理，土地出让收入全部缴入国库，支出一律通过政府性基金预算从土地出让收入中予以安排，实行彻底的"收支两条线"管理。限制和查处各地区、部门和单位不得以"招商引资""旧城改造""国有企业改制"等名义减免土地出让收入，实行"零地价"，甚至"负地价"，或以土地换项目、先征后返补贴等形式变相减免土地出让收入。

4. 制定非税收入优惠政策

非税收入优惠政策的行政色彩较浓，专家论证、公众参与和监督尚不足。为防止恶性的非税收入竞争，中央要求对非税收入优惠政策按照统一的政策制定权限执行，禁止制定"土政策"。开展清理规范税收等优惠政策，要求严格按照对应的管理权限和法律法规、文件规定制定非税收入优惠政策，对保留的优惠政策，一律纳入长效机制统一管理。

四 非税收入的经济增长效应理论分析

（一）正效应分析

1. 增强地方政府财力，支持基础设施建设

由经济增长理论可知，一个地区经济的快速发展需要有完善的基础设施作为支撑。然而，我国长期处于经济发展的转型时期，单纯依靠税收收入无法满足巨额的基础设施建设资金需要，因此，非税收入便是一个很好的资金来源渠道。为缓解地方紧张的财政收支压力，中央政府实行了"自行提取，自行使用"的非税收入管理体制，允许政府有关部

门通过设立收费项目筹集财政资金，保证了各类经济建设项目的正常进行。如水利建设基金、城市基础设施配套费和港口建设费就为我国的水利和交通等基础公共事业的发展做出巨大贡献。20 世纪 80 年代以来，为适应经济转型和促进基础产业的进一步发展，国家通过提高基础产业产品和服务价格、设立专项基金以及增加收费项目等手段，有效保障了我国能源、运输和电信等基础产业的发展。随着房地产市场的兴起及国有土地出让制度的建立，土地出让收入迅速成为地方政府财政收入的中流砥柱。有关数据显示，2010—2017 年间，地方政府的年平均土地出让收入为 3.32 万亿元，占本级政府财政收入的 58.36%，地方土地出让收入已成为地方政府名副其实的"第二财政"。因此可以说，非税收入作为地方政府财政资金的重要补充，能有效保证地方政府有充足的资金用于经济建设，能充分调动各级政府部门的建设积极性，对我国基础设施的发展起到了重要促进作用。

2. 弥补市场失灵，优化资源配置状态

良好的市场环境能有效保障地区经济实现稳定增长。但由于外部性的存在，市场机制的优越性无法充分发挥，市场会出现失灵的现象，因此，政府的介入和调节就显得尤为重要。政府可通过收费、罚款或给予补贴的方式解决外部性问题。以负外部性为例，如图 4 所示，D 代表私人边际收益曲线 MPB，同时也代表社会边际收益曲线 MSB；MPC 是私人边际成本曲线，MSC 是社会边际成本曲线，MPC 与 MSC 的垂直距离表示社会比个人多承担的边际成本，即负外部性。当不考虑政府干预的情况下，私人厂商会根据边际收益 MPB 等于边际成本 MPC 来确定生产的均衡产量和均衡价格。边际收益线 MPB 和边际成本线 MPC 的交点 E_1 就是均衡点，由此确定的均衡产量为 Q_1，均衡价格为 P_1，在该均衡下，社会剩余产品总和是三角形 E_1CO 的面积。当考虑政府的影响因素时，政府会采取收费或罚款的方式来矫正负外部性，使厂商的私人成本等于社会成本。此时根据社会边际成本 MSC 等于社会边际收益 MSB 确定的

均衡点为 E_2 点，均衡产量和价格分别为 Q_2 和 P_2，政府对每单位产品收取 E_2B（P_2A）的费用。此时的社会剩余为梯形 $COBE_2$ 的面积，其中矩形 P_2ABE_2 的面积为政府收取的费用（罚款）总和。

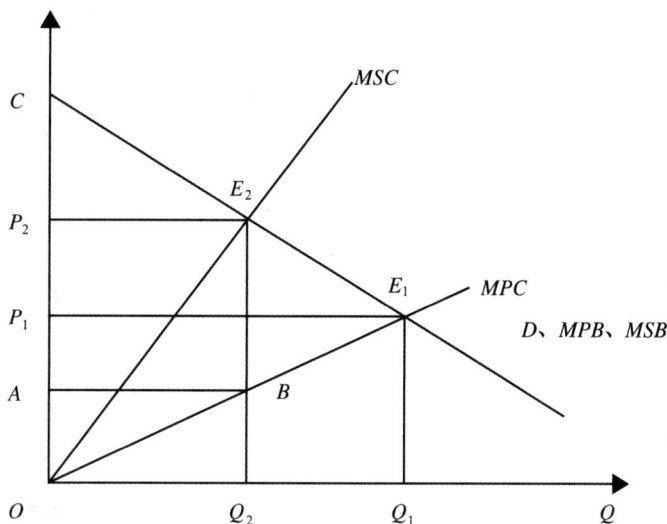

图 4 政府矫正负外部性收费的经济分析

3. 缓冲改革阻力，推进财政改革深入

根据制度经济学理论，在一个国家或地区的经济增长过程中，除了需要大量的生产要素投入外，制度因素也尤为重要，因为制度决定了生产要素的使用效率。从我国的经济体制改革实践看，正是因为市场经济体制取代了计划经济，我国经济取得了飞跃式发展。然而，任何的改革都是已有利益格局的重新分配与调整，因此必然会遭遇各种改革阻力。以分税制改革为例，其改革的目的在于重新构建中央和省级政府间的财政体制框架，使中央集中更多的财力。这样的改革方向必然会导致地方承担更多的财政支出压力，削弱地方政府改革的积极性。为了减小这次改革给地方政府带来的资金冲击，非税收入便充当了改革的缓冲剂。非税收入是留给地方政府税收之外的筹资渠道，这在一定程度上保证了地方政府能筹集到充足的财政收入，降低了地方对改革的排斥情绪。可以说，非税收入的存在有效保障了改革的顺利推进。虽然其价值难以直接衡量，但无疑起到了解放要素生产率、促进地方经济发展的重要作用。

（二）负效应分析

1. 加重企业负担，阻碍资本形成

政府非税收入膨胀，各种政府收费异常增长，必然加重作为非税收入缴纳主体的企业的负担，抑制企业的生产积极性，阻碍社会资本形成。企业的生产及扩大再生产能力与企业所承受的负担直接相关。我国企业除了负担必须缴纳的各种税收以外，向政府和有关部门缴纳各种费用也是加重企业负担的重要因素。根据国家经济贸易委员会的调查，国有企业的各种不合理负担大体占到其当年所实现利润的 20%，甚至超过当年的营业利润。企业非税负担的加重，一方面会减少企业利润，影响固定资产投入，削弱其扩大生产经营规模的能力；另一方面，这些从生产利润中抽离出来的上缴给政府的资金通常被各收费部门占用以供其部门日常开支，难以再生为投资资本形成社会资产。值得一提的是，不规范的政府收费行为会加大社会投资者对投资收益的不确定性，降低对投资收益的期望，恶化投资环境，从增量上减少社会资本的形成，造成整个社会资金运用效率的损失。社会资本不足，必然削弱经济发展动力，不利于地区经济的长期稳定发展。

2. 阻碍要素流动，不利于资源优化配置

由经济增长理论可知，一个地区的经济增长发展不仅取决于生产要素的积累，与生产要素的边际产出效率也紧密相关，要素生产效率高的地区往往比要素生产效率低的地区经济发达。而生产要素具有趋利性，总是由低效率的地区流入高效率的地区，生产要素的流动会提高地区的要素生产效率，带动地区的经济发展。然而，要素的流动性与要素拥有者所掌握信息的完全程度密切相关。当存在信息不对称问题时，要素拥有者无法确定该地区要素的生产效率，生产要素的有效流动必然会受阻，长期如此，必然会妨碍资源的有效配置。而非税收入负担是决定生产要素边际产出效率的重要因素，在其他条件相同的情况下，非税收入负担决定了生产要素的流动方向和强度。因此，获取全面、完整的非税收入信息，就对生产要素的高效流动、资源的优化配置具有重大意义。然而，我国目前的现实情况是地方政府非税收入隐蔽性大，不规范程度高，要素拥有者很难掌握全面的要素信息或者信息的获取成本大。这必将影响要素生产效率的提高，阻碍生产要素自由高效流动，导致资源配置效率低下，长期来看，不利于经济的持续健康发展。

3. 冲击税收主体地位，削弱中央宏观调控力度

随着分税制改革的不断推进，地方政府承担了越来越重的支出责任，因此对财政资金的需求不断扩大。在税权集中于中央的现实情况下，地方政府便通过自主权较大的非税收入来获取财政资金以缓解财政支出压力。当地方政府不断放大非税收入的资金获取功能时，非税收入在地方财政收入中的比例会随着政府对非税收入资金的依赖程度不断增强，此时税收的收入主体地位必然遭到冲击。从现实情况看，我国全口径的非税收入已经长期占据了地方财政收入的"半壁江山"。1994年以来，我国地方政府非税收入在本级财政收入中所占比重不断上升，平均占比在40%以上，这严重高于世界其他发达国家的20%。由此可以看出，我国地方政府已经对非税收入产生了过度依赖。这不仅严重影响了税收收入在政府收入中的主体地位，也有悖于1994年分税制改革的政策目标。国家初始规划是分税制实施后中央和地方的财权集中比是60:40，但是在把非税收入考虑进来后，实际的中央和地方政府收入比变成了35:65。这明显有违政策出台初衷，也弱化了中央的财力统筹力度，加大了中央政府宏观调控的难度。

综上分析可以发现，我国地方非税收入及非税收入竞争对经济增长的影响链条是复杂的、间接的。一方面，非税收入的征收将影响经济主体的行为；另一方面，非税收入的支出又可能对国民经济施加显著的影

响。从作用效果上看，非税收入及其竞争可能促进经济发展，也可能产生负面效应，但实际结果如何，这就需要进一步的实证研究。

五　中国地方非税收入竞争对省级区域经济增长影响实证检验

（一）基本假设、数据选取及指标说明

由前文的理论分析可知，非税收入对地区经济的作用力是多方向的、间接的：一方面，非税收入能够为地区提供公共产品，满足社会的公共需要，同时能够矫正社会外部性，优化社会资源的配置，正向作用于地区经济增长；另一方面，非税收入会加重企业和居民负担，阻碍资源的有效流动，扰乱市场机制，同时也会冲击税收在财政中的主体地位，削弱中央宏观调控力度，不利于地区经济的健康发展。因此，理论联系实际，在当前的财政体制下研究我国非税收入对经济增长的作用机制具有重要的理论和实际意义。本章从我国的具体实际出发，通过实证分析方法探究我国非税收入对地方经济增长的作用效果，并结合我国当前财政体制对实证结果进行解释。基于前文的理论分析，对非税收入的经济增长效应提出以下假设：非税收入对经济增长的作用效果明显，但作用方向不明确。为了分析我国地方政府非税收入的经济增长效应，同时避免因 2007 年非税收入统计口径改变对计量结果的影响，最终选取2007—2017 年全国 31 个省（自治区、直辖市）的面板数据进行实证分析。数据主要来源于相应年度的《中国财政年鉴》《中国统计年鉴》和《中国国土资源统计年鉴》。

本章研究的是地方政府非税收入的经济增长效应，被解释变量为经济增长，因此采取学术界的普遍做法，以各地区的 GDP 总量作为被解释变量。核心解释变量为非税收入（ntax），其具体又包括政府性基金收入（funds）和一般预算内非税收入（bugntax）两项。政府性基金以土

地出让收入为代表；一般预算内非税收入由四项组成：行政事业性收费收入（charge of administrative and units）、专项收入（special program receipts）、罚没收入（penalty receipts）和其他非税收入（others）。另外，为了更好把握非税收入对经济的影响程度，本文引入税收收入（tax）这个比较变量。由于面板数据模型大多存在非线性和异方差等问题，因此笔者借鉴多数学者的处理方法，对所有变量取自然对数，在变量前加"ln"来表示（见表3）。

表3　　　　　　　　　　　　主要变量统计性描述

变量		国民生产总值	税收收入	非税收入	一般预算内非税收入	土地出让收入	行政事业性收费	罚没收入	专项收入	其他非税收入
符号		lngdp	lntax	lnntax	lnbugntax	lnland	lncau	lnpr	lnspr	lnothers
全国	均值	9.23	6.61	6.43	5.12	6.03	4.10	3.25	3.86	2.71
	最大值	11.12	8.78	8.83	7.10	8.72	6.21	4.94	6.10	5.78
	最小值	5.83	2.46	2.31	1.98	0.17	0.19	-0.63	-1.61	-1.14
	标准差	1.04	1.13	1.24	1.00	1.44	1.22	1.09	1.06	1.25
发达地区	均值	10.00	7.56	7.32	5.63	7.07	4.70	3.81	4.37	2.87
	最大值	11.12	8.78	8.83	7.10	8.72	6.21	4.94	5.54	5.78
	最小值	8.57	5.85	5.56	4.49	4.81	3.25	1.94	2.60	-0.36
	标准差	0.62	0.69	0.71	0.61	0.81	0.79	0.76	0.64	1.29
欠发达地区	均值	9.15	6.40	6.25	5.17	5.79	4.16	3.29	3.93	2.67
	最大值	10.29	7.54	7.70	6.44	7.45	5.88	4.64	6.10	5.05
	最小值	6.82	4.07	3.82	2.71	3.41	1.55	0.97	1.89	-0.37
	标准差	0.75	0.72	0.88	0.84	0.95	0.98	0.82	0.87	1.19
不发达地区	均值	8.64	5.96	5.81	4.63	5.33	3.52	2.74	3.36	2.62
	最大值	10.46	7.75	7.87	6.26	7.73	5.58	4.41	5.12	4.60
	最小值	5.83	2.46	2.31	1.98	0.17	0.19	-0.63	-1.61	-1.14
	标准差	1.15	1.18	1.42	1.17	1.72	1.46	1.28	1.28	1.26

从表 3 可以看出，非税收入的各个经济变量都具有统计意义，因此对非税收入数据进行模型回归的结果具有代表性。此外，前文和表 3 都表明我国不同地区的非税收入具有不同的数据特征。因此，为全面把握非税收入的经济增长效应，我们有必要按地区发展水平分组讨论。

（二）模型构建

1. 单位根检验

在实际操作中，考虑到时间序列数据大多具有非平稳性，这会导致模型出现伪回归或虚假回归，因此在模型回归前有必要对数据进行单位根检验。本章采用统计上常用的 LLC 和 PP 检验，如果变量通过这两项经验就说明变量是平稳变量，模型回归具有意义。现将对所有变量进行水平（level）单位根检验的结果整理如表 4 所示。

表 4 　　　　　　　　　　　　　　　　　单位根检验

变量	LLC 检验		PP 检验		检验结果
	statistic	prob.	statistic	prob.	
lngdp	− 10. 008	0. 000	199. 478	0. 000	平稳
lntax	− 8. 072	0. 000	96. 422	0. 000	平稳
lnntax	− 7. 763	0. 000	71. 375	0. 094	平稳
lnbugntax	− 11. 748	0. 000	111. 156	0. 001	平稳
lnland	− 8. 342	0. 000	81. 173	0. 052	平稳

从表 4 可以看出，取了对数后的各经济变量在 10% 的显著性水平上都是拒绝存在单位根的原假设的，这说明 lngdp、lntax、lnntax、ln-bugntax 以及 lnland 均水平平稳，对这些变量进行回归具有统计意义。

2. 协整检验

通过单位根检验可知被解释变量和各解释变量都是平稳变量，但对于这些变量之间是否存在长期的均衡关系并不清楚，这就需要运用协整检验来验证。面板数据协整检验主要有三种：Pedroni 检验、Kao 检验和 Jonhansen 检验。本文将采用前两种方法进行协整检验，检验结果如表 5 所示。

表5 面板数据协整检验

检验方法	统计量	*P* 值	检验结果
Kao 检验	ADF	0.000	通过
Pedroni 检验	Panel v-Statistic	0.914	未通过
	Panel rho-Statistic	0.964	未通过
	Panel PP-Statistic	0.000	通过
	Panel ADF-Statistic	0.000	通过
	Group rho-Statistic	1.000	未通过
	Group PP-Statistic	0.000	通过
	Group ADF-Statistic	0.000	通过

由表5可知，Kao 检验的 *P* 值接近于 0，拒绝不存在协整关系的原假设，说明面板数据变量之间存在长期均衡的协整关系。在 Pedroni 检验中，只有 Panelrho-Statistic 和 Group rho-Statistic 两个统计量的 *P* 值大于 5% 的显著性水平，而其他 5 个统计量的 *P* 值均小于 5%，拒绝原假设。因此，就总体而言，Pedroni 检验也表明被解释变量和解释变量之间存在协整关系。通过以上两种协整检验可知，本文选取的面板数据变量间存在长期均衡的协整关系。

3. Hausman 检验

面板数据模型主要存在两种形式：固定效应模型和随机效应模型，不同的模型形式会使结果产生很大差异，因此在建立面板数据模型之前需要确定具体使用的模型形式。常用的确定模型形式的方法是 Hausman 检验，如果通过 Hausman 检验，则说明应该采用随机效应模型形式，否则应采用固定效应模型。Hausman 检验结果整理如表 6 所示。

表6　　　　　　　　　　　　　　Hausman 检验结果

Test Summary	Chi-Sq. Staristic	Chi-Sq. d. f	Prob.
cross – section random	32. 185	2	0. 000

从表6可以看出，Hausman 检验的 P 值接近 0，说明模型拒绝采用随机效应形式的原假设，即本文的面板数据模型应该采用固定效应模型形式。

通过以上检验分析，最终本文确定采用固定效应模型，模型形式如下：

$$\ln gdp_{it} = c + \alpha_i + \beta_1 \ln ntax_{it} + \beta_2 \ln tax_{it} + \varepsilon_{it} \qquad (2)$$

其中，$ln\text{gdp}_{it}$ 为 i 地区 t 时间段国内生产总值，c 为 31 个省（自治区、直辖市）的平均经济增长情况。α_i 反映了各地区经济增长与全国平均增长情况的偏离程度，代表了各省市的经济发展速度；tax_{it} 为 i 地区 t 时间段的税收收入；$ntax_{it}$ 为 i 地区 t 时间段的非税收收入，β_1、β_2 分别反映了各地区非税收入和税收收入对经济增长的影响情况。β_1、β_2 的正负代表非税收入和税收收入对经济增长的作用，数值的大小则显示出其对经济的影响程度。

4. 回归结果

（1）基于地方非税收入总体的回归结果及分析

为从总体上把握地方政府非税收入的经济增长效应，本章首先对全国 31 个省份的非税收入数据进行回归分析。根据面板数据的固定效应模型，运用 Eviews 7.0 软件对相关数据进行处理，得出的结果整理如表7所示。

表7　　　　　　　　　　　　　固定效应模型结果

	Coefficient	Std. Error	t – Statistic	Prob.
C	4. 573	0. 051	88. 479	0. 000
lnntax	0. 051	0. 014	3. 549	0. 001
lntax	0. 660	0. 017	39. 584	0. 000
R^2	0. 998		F 统计值	2788. 064

从表7的回归结果看，首先，R^2的统计量值接近1，即方程的拟合程度很高，F统计量值为2788，远大于其临界值，这说明了方程很好地通过了显著性检验，具有很好的代表性。其次，从各解释变量来看，税收收入和非税收入变量系数的t统计量值都很大，对应的P值也远小于5%的显著性水平，这表示税收收入和非税收入能较好解释对经济增长的作用效力。由此分析可知，本文建立的固定效应面板数据模型很好地模拟了非税收入和税收收入对经济的影响机制。具体的回归方程整理如下：

$$\ln gdp_{it} = 4.5368 + \alpha_i + 0.0512\ln ntax_{it} + 0.6602\ln tax_{it} \tag{3}$$

首先，从上述模型回归结果可以看出，全国31个省份的平均经济增长速度约为4.54%；非税收入的系数是0.0512，即非税收入每增长1%，经济约增长0.0512%。这说明从地方非税收入总量来看，非税收入对经济增长的作用为正，非税收入能够促进地方的经济增长。这主要是因为在当前的财政体制下，地方政府财权、事权不匹配，在税收收入有限的情况下，地方承担了越来越重的支出责任，地方政府单纯依靠税收收入无法满足地方的基本公共需要，地方经济建设难以为继。非税收入作为重要的政府资金来源能够很好地补充地方财政收入，缓解财政收支压力，有效地支持了地方建设，保证了地方经济的稳定与增长。因此，从全国范围看，地方政府非税收入能够起到促进地方经济增长的作用，非税收入总量对经济增长的作用效应为正。

其次，因为α_i估计值代表各地区经济增长速度与全国平均水平的偏离程度，此变量表现了各地区自身的经济增长特点，因此从上述模型的α_i值，能直观发现各省份的经济情况存在一定差距。全国31个省份中，该变量数值如表8所示。

具体来看，山东、河南、湖南、河北、湖北、江苏、黑龙江、四川、广西、吉林、内蒙古、广东、福建、浙江、安徽、辽宁、江西、陕西这18份的省市经济增长快于全国平均水平，其中，山东和河南超全

表 8　　　　全国 31 个省份经济增长速度与全国平均水平的偏离程度

省份	α 值	省份	α 值	省份	α 值	省份	α 值
北京	-0.45	上海	-0.38	湖北	0.34	云南	-0.25
天津	-0.14	江苏	0.32	湖南	0.44	西藏	-0.68
河北	0.42	浙江	0.14	广东	0.36	山西	0.05
山西	-0.09	安徽	0.09	广西	0.19	甘肃	-0.08
内蒙古	0.15	福建	0.14	海南	-0.70	青海	-0.51
辽宁	0.08	江西	0.06	重庆	-0.12	宁夏	-0.55
吉林	0.17	山东	0.57	四川	0.19	新疆	-0.21
黑龙江	0.21	河南	0.56	贵州	-0.33		

国平均水平程度最大。而上海、北京、天津、甘肃、山西、重庆、新疆、云南、贵州、青海、宁夏、西藏、海南等地的经济增长速度低于全国平均水平，其中海南和西藏经济增长速度最慢。由此也可以看出，发达地区的经济发展程度高、基数大，增长速度相对较小，而落后地区发展程度低、基数小，有着雄厚的发展潜力，因而发展速度快，发展前景好。

（2）基于分地区非税收入的回归结果及分析

通过以上分析可知，从全国范围来看，地方政府非税收入总量对经济的作用效应总体为正，非税收入总体上能够刺激地方的经济增长，但从 i 的值也说明，全国不同地区的经济情况各不相同。那么，对于不同地区而言，非税收入对经济增长的作用效果是否相同？如果是，对经济的作用程度又将如何？下面根据人均 GDP 的高低将全国 31 个省份分成不发达地区、欠发达地区和发达地区三组分别进行分析。通过 Eviews 7.0 软件进行估计的结果整理如表 9 所示。

表 9　　　　不发达地区、欠发达地区和发达地区模型回归结果

	不发达地区	欠发达地区	发达地区
C	4.708 *** (59.77)	4.450 *** (76.06)	3.955 *** (60.41)

	不发达地区	欠发达地区	发达地区
lnNtax	0.117 *** (4.67)	−0.03 (−0.15)	−0.022 * (−1.71)
lntax	0.545 *** (19.83)	0.737 *** (30.10)	0.818 *** (51.59)
R^2	0.997	0.998	0.998
F 统计值	2426.490	3255.871	3348.298
P 值	0.000	0.000	0.000

注：*** 、** 、* 分别表示通过1%、5%、10%的显著性水平检验。

首先，从分地区回归结果的拟合优度 R_2 值和 F 统计量值可以看出，各地区的回归方程拟合程度及显著性水平均很高，这说明各方程模拟效果很好，实证结果能较好代表各地区的实际情况，对回归结果的分析能够帮助我们理解非税收入的经济增长效应。

其次，非税收入的系数说明不同地区的非税收入对经济的作用力并不相同。不发达地区非税收入的经济作用效果显著为正，具体来看，非税收入每增长1%，经济约增长0.12%；经济欠发达地区的非税收入对经济增长的作用为负，但作用效果不显著；经济发达地区非税收入对经济的作用效果十分显著，且显著为负。因为发达地区的非税收入每增加1个百分点，当地的经济会下滑0.02个百分点。由此可知，在经济不发达地区非税收入是地方经济增长的助推剂，但在发达地区非税收入则会成为地方经济发展的抑制剂。因此，各地方政府需理性看待非税收入，因地制宜地制定适合本地区情况的非税政策。如果深究非税收入在经济发展程度不同的地区对经济增长具有不同作用效力的原因，我国当前的财政体制是造成这一现象的制度根源。在我国现行的"财权集中中央、事权下放地方"的财政格局下，地方政府承担的支出责任日益扩大。在税收收入有限的情况下，地方财政收支压力越来越大。为满足基本的公共需要，保证地方的经济建设，政府只有通过具有较大自由度的非税收入履行这些责任，从而造成非税规模越来越大。之所以不同地区非税收入经济增长效应不同，是因为非税收入在政府财政收入中充当的角色不同。真正意义上的非税收入是政府税收收入的补充，其作用主要是为了弥补政府提供的准公共产品和服务的成本，矫正外部性，克服市场失灵。因此，非税收入应该与税收收入各司其职，分别为地方发展建设添砖加瓦。但是在不发达地区，由于当地经济发展程度低，基础设施落后，税源不足，地方政府征收到的税收收入较少，单纯依靠税收收入无法保证地方基本的经济建设。因此，为基本政府职能的履行和地方经济发展的需要，地方政府只有加大对非税收入的征收力度才能筹集到地方发展必需的财政资金。这样，以非税收入为主体的财政收入保证了地方的经济增长，所以不发达地区非税收入的经济增长效应被放大为正，使得不发达地区模型的最终结果是非税收入对经济增长的效应为正；而对于发达地区，该地区税源充足，税收收入就能很好地满足地方发展的需要，而此时再征收非税收入只会加重企业和居民负担，挫伤企业生产积极性，抑制当地居民的合理消费，同时还会影响资源有效流动，最终抑制了地方经济增长。

最后，如果将全国的经济不发达、欠发达和发达的三组地区视为一个地区经济发展的三个不同阶段，那么也可以将三组回归结果看成非税收入经济增长效应的变化过程。在地区经济发展的初始阶段，非税收入能够支持地方的基础设施建设，提供社会公共产品，满足地方的经济建设需要，因此这一时期的非税收入能够促进地方的经济增长。但随着地方的不断发展，地区经济环境不断改善，地方经济进入发达阶段，地区的税收收入逐渐充足，能够保证地方的经济建设需要，此时地方政府再征收大量非税收入只会加重当地居民和企业的负担，抑制地方的经济增长，这种情况下非税收入便成为地方经济的负面影响因素。非税收入的经济增长效应的这种转变反映的也是在当前财政体制下地方政府行为结果的转变。在经济发展的初始阶段，非税收入能够有效地补充地方财政资金，地方依靠足额非税收入能保证经济建设。非税收入有效解决了经济发展过程中的瓶颈问题，对经济的正向作用是显著的。但随着地方经济的逐步发展，税源逐渐充足，税收收入可以满足地方经济建设的需要，此时过多的非税收入则成为加重居民和企业负担的源头。综合以上两个实证分析可以发现：第一，当前的财政体制下，我国非税收入的经济建设功能被放大。从全国范围看，非税收入对地方经济增长的作用效果为正，说明当前财政体制下地方非税收入总体发挥了促进经济增长的作用，这是各地区非税收入经济增长效应中和的结果，也从一定程度反映了我国经济总体上不够发达，税收相对不足，地方政府仍然以非税收入作为获取财政资金的主要渠道。但不同经济发展程度的地区能更全面地展现非税收入对经济增长的实际作用效果。经济不发达地区的非税收入的经济增长效应为正，说明非税收入在这些地区主要发挥的是支持地方经济建设、弥补市场失灵的作用，非税收入对经济收入的正向促进功能得到充分利用；经济发达地区的非税收入主要呈现负向经济增长效应，是因为这些地区的税收足以满足地方建设需要，但非税收入越俎代庖，地方政府再通过征收大量非税收入进行建设无疑会加重当地负担，影响地方经济的稳定健康发展。对于经济欠发达地区而言，当地的非税收入同样会不利于地方经济增长，只是这种负面影响程度比较小，作用效果不及发达地区明显。第二，不论非税收入对经济增长的作用效果如何，税收收入的经济增长效应始终为正，且其正向作用效应远大于非税收入。这就说明非税收入只能作为地方政府调整经济的辅助手段，税收收入才是地方经济建设的主力军。非税收入和税收收入对经济的不同效应是由这两者的本质属性确定的。税收具有强制性、固定性和无偿性，天然就应是国家机器运转和社会发展的经济基础；而非税收入的规范性较低，只能作为税收收入的补充来辅助政府更好地履行其工作职能，而不能反客为主挑起政府经济建设的主梁。

六　政策建议

（一）政府非税收入改革的目标

在当前的时代背景下，我国非税收入改革应该顺应社会主义市场经济的发展趋势，符合政府职能转变的内在要求。非税收入应在政府财政收入体系中占有一定比重，自身规模和结构也应控制在合理范围内，同时政府应制定规范化的管理制度，这样才能保证非税收入对经济增长的正向效应得以充分发挥。基于以上目标，我国非税收入改革应从转变政府职能、理顺政府间事权与财权关系入手，扩大地方政府的财政资金来源，配套相应规范、严格的非税收入管理制度。具体来看，可以从以下两方面对非税收入进行改革：第一，非税收入改革与财税体制建设同步进行。面对当前的财政体制，地方政府具有通过征收非税收入获取足够财政资金进行经济建设的内在冲动。这是在经过分税制改革后，中央政府集中了主要财权，地方承担了主要支出责任。地方政府的财政支出压力不断增加，所能征得的税收收入又极为有限，在此窘境下，只能通过征收非税收入支持地方的建设，最终造成了当前非税收入规模庞大、管理混乱、对经济负面影响扩大的局面。因此，要从源头上解决非税问题、最大化非税收入对经济增长的正效应，就必须深化财政体制改革，为非税收入实现规范管理提供良好的制度环境。第二，完善非税收入管理制度。非税收入管理制度本身存在较大漏洞，虽然近些年来出台了不少关于非税收入管理的相关文件，但在实际工作中，对非税收入的管理仍然非常松散，"部门利益"现象十分严重，加强非税收入管理对非税收入的规范化仍然十分必要。

（二）正确处理政府与市场的关系

政府非税收入规模快速膨胀源于政府对财政资源的渴求，而这背后的制度症结在于政府的职能定位存在偏差。一直以来，我国政府都过分夸大了自身在地区经济发展中所能发挥的作用，其典型表现就是政府热衷于项目建设及投资以实现地区 GDP 的快速增长。由市场经济理论可知，市场才是资源配置的最佳方式。因此，政府应为市场更好发挥资源配置功能服务，弥补市场的不足，为公众更好地提供公共产品。当政府过分强调其经济建设职能，甚至通过征收非税收入来提供本由市场提供的收入产品时，资源配置的整体效率必然下降。因此，当前需要继续贯彻十八届三中全会精神：应加快政府职能转变，发挥市场在资源配置中的决定作用。这就要求政府认识到自己的职责是弥补市场不足，为更好发挥市场的资源配置功能服务，而不是通过非税收入集中社会资源，更不是代替市场进行资源配置。因此，当前政府应该做的是提供充足的公共产品和准公共产品以满足社会需要，从而保证社会经济的长远发展。

（三）科学划分中央和地方政府的事权与财权

政府间的财权事权未能理顺是我国非税收入规模不断扩大的重要原因，因此要从源头上规范非税收入就必须严格按照公共产品的受益范围对中央和地方各级政府间的事权、财权进行合理划分。中央政府作为全国整体利益的代表，不仅要满足全国人民对国防、外交等公共产品的需要，同时要确保中央政府总揽全局的宏观调控能力。地方政府作为地方经济利益的代表，一方面要提供满足地方需要的公共产品和准公共产品，满足人民不断发展的公共需要；另一方面，要确保地方政府在本地区的调控能力，确保地方各项事业的协调发展。同时，要按照事权与财权相对应的原则，科学赋予各级政府合理的财权，包括收入权限和支出范围。在分税制的背景下，保证中央政府的宏观调控能力十分必要，但是仍需要注意确保地方的正常财权，从而满足地方经济建设对资金的需求。

Abstract：Based on the systematic research of non-tax income，based on the relevant theories of the connotation of non-tax income and its effect on economic growth，this paper describes the current situation of non-tax income in China from three aspects of scale，structure and management，in order to fully grasp the specific facts of non-tax income in China. This paper measures the competition level of local non-tax income in China to verify the spatial correlation. Secondly，using the relevant data of 31 provinces and cities in China from 2007 to 2017，this paper makes an empirical analysis on the economic growth effect of local government non-tax revenue，and comes to the conclusion that the economic growth effect of non-tax revenue is related to the degree of regional economic development. The economic growth effect of non-tax revenue in economically underdeveloped areas is positive，while the economic growth effect of non-tax revenue in economically developed areas is negative.

Key Words：Non-tax Income；Economic Growth；Spatial Correlation

非税收入与公共支出结构调整

——基于中国省级面板的实证分析

韩西成　李思婧　周心馨

杨旭铭　郭　榕　范红梅[*]

摘要： 非税收入占各级政府公共预算收入的比例日益扩大，而两者间的关系仍不够明晰，难以有效支撑相关政策决策。本篇利用中国 31 个省市自治区 2011—2017 年间的面板数据，并使用固定效应面板数据模型分析了政府来自非税收入对公共预算支出的影响。本文认为，由于政府存在预算、环境的约束，且以"令人满意"的原则管理公共预算收支，因而政府倾向于将稳定的非税收入优先投入到即时见效的短回报周期公共预算支出项目中，而不会轻易将其用于长期中逐渐收敛的长回报周期公共预算支出项目。这种支出偏好在东部地区的这种支出偏好表现更明显，而对于中西部地区而言，由于其所受预算约束较东部地区更为紧缺，因此这种偏好表现并不强烈。

关键词： 政府非税收入　公共预算支出　固定效应模型

---

* 作者简介：韩西成，云南大学经济学硕士研究生；李思婧，云南大学经济学院硕士研究生；周心馨，云南大学经济学院硕士研究生；杨旭铭，云南大学经济学院硕士研究生；郭榕，云南大学经济学院硕士研究生；范红梅，云南大学经济学院硕士研究生。

一　问题的提出与文献综述

党的十九大报告提出，要加快建立现代财政制度，建立权责清晰、财力协调、区域均衡的中央和地方财政关系。其中，财力协调指的是中央和地方掌握的总财力要与支出责任相协调。公共支出与财政收入共同构成财政分配的完整体系，公共支出是政府分配活动的重要方面，财政通过支出对社会经济产生影响。公共支出为我国的经济建设和社会发展提供了坚实的保障：行政管理、国防、外交、公安、司法、监察等方面的支出保证了国家机器正常运转，维护国家安全，巩固各级政府政权建设；社会保障、科技、教育、卫生、文化、扶贫等方面的支出可以维护全社会稳定，提高全民族素质，外部社会效应巨大；水利、电力、道路、桥梁、环保、生态等方面的支出有利于经济环境和生态环境改善。国家对宏观经济运行进行调控，财政也需要留有一定的财力，对经济活动进行适当的干预。公共支出反映了政府政策的选择，体现了政府活动的方向和范围；支出的规模和结构，反映了政府为实现其职能所进行的活动范围和政策选择的倾向性。

近年来，随着我国经济的快速增长，我国公共支出总体规模持续扩大。2018 年，即使在大规模减税的影响下，公共支出增速仍然超过财政收入增速 2 个百分点。公共支出必须要有坚实的财政收入作为保障，但是在我国分税制财政体制下，地方政府面临严峻的财政支出压力，可支配的税收有限，不足以满足支出需要。随着我国税制改革的不断深化，我国非税收入的规模不断扩大，非税收入已成为地方政府财政收入的重要组成部分。它缓解了各地方政府的财政支出压力，增加了政府的财政预算资金。2012 年以来，中国经济进入新常态，伴随着经济的持续下行，税收收入增速也随之下降，但非税收入却不降反升，财政收入的结构正在改变。在税收收入增速不断下降的情况下，非税收入的快速增长在一定程度上保证了财政收入的整体稳定。作为财政的重要补充，非税收入的增加是否会对地方政府公共支出的结构和规模产生影响？非税收入如何影响公共支出？这些问题是本文研究的重点。对这些问题的研究，将有助于评价公共支出绩效，理解政府决策倾向。

对于公共支出结构的研究，学者们从一般理论分析到模型构建、实证研究和定量研究相结合，基于不同视角分析了相关主题与财政支出结构之间的关系。主题大多集中于其与居民收入、财政分权、政府竞争以及支出与经济增长的关系。在国外研究方面，奥茨[1]、威迪逊[2]、威尔逊[3]等早期学者主要关注扭曲性税收竞争对公共支出水平的影响。埃罗、卢西那和卢西尼安（2013）研究了财政分权中的财政纵向失衡问题（vertical fiscal imbalance，VIF），发现经合组织（OECD）国家 VIF 减少时，政府支出平衡程度提高。在财政支出和经济发展的关系研究方面，吴在俊发现财政支出的增长将降低经济发展水平[4]；同样，基于 OECD 国家的数据，大卫·福齐利和亚历山德拉·兹齐尼卡（2012）认为财政支出对GDP 有扩张效应。金和辉和钱颖一等的研究显示，中国省级政府的预算收入和支出之间的相关性在 20 年间提高了 4 倍，表明财政分权对于省级政府财政支出的激励效果较强。[5] 国内学者的研究则基于或建立不同的模型，如柯布—道格拉斯生产函数、内生增长理论模型、新古典生产函数、VAR 模型等，对财政支出结构进行了实证分析。李超、商玉萍研究表明，从整体来看，增加保障性财政支出会缩小城乡收入差距，增加投资性财政支出会拉大城乡收入差距；投资性财政支出对城乡收入差距的影响随

---

[1] Oates, W. E., *Fiscal Federalism*, Harcourt Brace Jovanovich, 1972.

[2] Wildasin, D. E., *Urban Public Finance*, Harwood Academic Publishers, 1986.

[3] Wilson, J. D., "Theories of Tax Competition", *National Tax Journal*, 1999, p. 269.

[4] Jaejoon Woo, "Growth, Income Distribution, and Fiscal Policy Volatility", *Journal of Development Economics*, 2011.

[5] Hehui Jin, Yingyi Qian, Barry R. Weingast, "Regional Decentralization and Fiscal Incentives: Federalism, Chinese Style", *Journal of Public Economics*, 2005.

着地区经济发展水平的高低而异，经济发展水平较高的地区，投资性财政支出更具有普惠性与共享性。① 习亚哲、温立洲运用 VAR 模型对公共支出结构的全要素生产率增长效应进行动态分析，结果表明：行政管理、医疗、教育支出对全要素生产率的提升有一定的负效应，社会保障支出呈现促进作用，科技支出、支农支出初始为正向影响，之后变为负向影响，支农支出、一般公共服务支出、教育支出、医疗支出占比对全要素生产率增长率有较高的解释程度。② 肖洁等分析指出，在省级党代会召开时，市级财政总支出增长率显著增加，其中生产性支出比重显著增加，而福利性支出比重显著减少。③ 詹新宇、王素丽利用 2000—2014 年我国省级面板数据，分析了省级财政支出结构对经济增长的质量效应。研究发现，财政生产性支出和服务性支出的总体经济增长质量效应显著为正，消费性支出显著为负。从"五大发展理念"的角度看，生产性支出、服务性支出、消费性支出对创新、协调、绿色、开放、共享的边际效应存在显著差异；地区间财政支出结构的经济增长质量效应也有所不同。④

在非税收入研究方面，国外文献中很少涉及非税收入（non-tax revenue）概念，现有研究文章主要包括非税收入与国家政权、经济投资、财政风险的研究。莫瑞森认为非税收入的增加应该与民主国家税收减少、独裁政权社会支出增加以及两种类型的稳定性相关联。⑤ 塞巴斯蒂安·詹姆斯（2019）研究了非税收入在投资中的激励作用，结果发现在投资环

① 李超、商玉萍：《地方财政支出结构对城乡收入差距的影响效应——基于经济发展水平高低的分组比较》，《西安财经学院学报》2018 年第 5 期。

② 习亚哲、温立洲：《公共支出结构与全要素生产率增长——基于 VAR 模型的动态分析》，《河北经贸大学学报》2018 年第 1 期。

③ 肖洁、龚六堂、张庆华：《分权框架下地方政府财政支出与政治周期——基于地级市面板数据的研究》，《经济学动态》2015 年第 10 期。

④ 詹新宇、王素丽：《财政支出结构的经济增长质量效应研究——基于"五大发展理念"的视角》，《当代财经》2017 年第 4 期。

⑤ Kevin M. Morrison, *Oil, Nontax Revenue, and the Redistributional Foundations of Regime Stability*, International Organization, 2009.

境不佳的国家吸引投资方面尤其无效；吉尔斯·穆尔和阿德里亚那·鲁特发现，欧盟国家非税收入的相对变化大约是税收收入的 3 倍，是财政风险的重要来源，往往被忽视。① 国内关于政府非税收入的研究主要通过定量研究和定性分析的方式，围绕概念界定、存在的必要性、膨胀原因、经济影响、管理体制、改革创新等几个方面。定量研究是利用计量模型探究政府非税收入增长的逻辑，以及政府非税收入与税收收入、经济增长三者的互动关系。定性分析主要有两种观点：一种是基本否定政府非税收入的存在，认为政府非税收入不利于经济社会发展；另一种则认为政府非税收入有其长期存在的价值和意义，探寻了非税收入管理中存在的问题和解决办法。刘尚希认为，政府非税收入和税收收入作为财政收入的两种不同形式，职能作用不同，不能相互替代。② 武玉坤分析了地方非税收入汲取依赖的三大因素，即财政压力、收入基础和交易成本。③ 白宇飞、张紫娟重点探讨了政府非税收入管理脱困路径，认为应当构造一个由非税法律法规体系、非税项目体系、非税资金运行体系和非税监督体系组成的政府非税收入管理综合体系。④ 此外，刘明勋和冯海波考察了非税收入与政府规模的关系，发现非税收入占财政收入的比重越大，政府规模越容易膨胀。⑤ 任向峰⑥、戴磊⑦、宋敏⑧等人从不同角度提出了非

① Mourre, Gilles & Reut, Adriana, "Non-Tax Revenue in the European Union: A Source of Fiscal Risk", *International Tax and Public Finance*, 2019, p. 198.

② 刘尚希：《论非税收入的几个基本理论问题》，《湖南财政经济学院学报》2013 年第 3 期。

③ 武玉坤：《中国地方政府非税收入汲取研究——一个财政社会学分析框架》，《贵州社会科学》2015 年第 10 期。

④ 白宇飞、张紫娟：《地方政府非税收入困态摆脱路径研究》，《财政研究》2015 年第 9 期。

⑤ 刘明勋、冯海波：《非税收入会影响政府规模吗》，《产经评论》2017 年第 1 期。

⑥ 任向峰：《政府非税收入管理探析》，《知识经济》2019 年第 18 期。

⑦ 戴磊：《进一步规范非税收入管理 不折不扣落实降费政策——以 A 市 X 区为例》，《预算管理与会计》2019 年第 6 期。

⑧ 宋敏：《浅议政府非税收入及财政票据管理审计中存在的问题和建议》，《会计师》2019 年第 12 期。

税收入管理的建议。

梳理相关文献发现，目前鲜有学者对非税收入是否影响政府公共支出结构进行研究。本文主要贡献就在于：基于中国当前的财政运行机制，提出并证明了非税收入会影响公共支出结构的理论假说，并从实证层面检验得出，非税收入占财政收入的比重越大，政府越会把支出用于那些见效快的短回报周期支出项目上。第二部分针对中国各省的非税收入及公共预算支出进行现状分析。第三部分从理论上分析非税收入影响公共支出结构的机制。

二　中国省级非税收入与公共预算支出的现状分析

近些年，非税收入的总量不断增加，地方财政支出结构不断变化。非税收入作为地方税收收入的重要补充，对于平衡财政收支起到了重要作用。

（一）非税收入的现状分析

1. 非税收入概念界定

非税收入是指除税收以外，由各级国家机关、事业单位、代行政府职能的社会团体及其他组织依法利用国家权力、政府信誉、国有资源（资产）所有者权益等取得的各项收入。政府非税收入主要有：行政事业性收费、政府性基金收入、罚没收入、国有资源（资产）有偿使用收入、国有资本经营收益、彩票公益金收入、特许经营收入、中央银行收入、以政府名义接受的捐赠收入、主管部门集中收入、政府收入的利息收入和其他非税收入。

2. 我国非税收入现状

从表 1 可知，我国非税收入规模不断扩大，中央非税收入从 2011 年至 2017 年增加 2730.54 亿元，增长了 101.29%。地方非税收入从 2011 年至 2017 年增加 11356.32 亿元，增长了 99.27%。地方非税收入占比较大，且呈递增趋势，平均增速为 12.39%。

表1		中国非税收入情况					（单位：亿元）
	2011	2012	2013	2014	2015	2016	2017
全国非税收入	14136.04	16639.24	18678.94	21194.72	27347.03	29244.24	28222.90
中央非税收入	2695.67	2880.03	3558.66	4458.05	7006.92	6696.58	5426.21
地方非税收入	11440.37	13759.21	15120.28	16736.67	20340.11	22547.66	22796.69

资料来源：国家统计局。

全国 31 个省份 2011—2017 年非税收入占比地方一般公共预算情况如表 2 所示。目前，各省份非税收入占比大体稳步呈上升趋势，占比最高达 43.05%。越发达的地区占比相对较小，欠发达区域占比较大，地方财政对于非税收入依赖越大。

表2		2011—2017 年全国各省非税收入占比情况					（单位:%）
地区	2011	2012	2013	2014	2015	2016	2017
北 京	5.04	5.74	4.00	4.12	9.74	12.36	13.89
天 津	30.97	37.18	36.96	37.80	40.83	40.36	30.23
河 北	22.40	25.13	24.86	23.73	26.99	29.96	31.99
山 西	28.07	31.07	33.19	37.70	35.67	33.42	25.15
内蒙古	27.34	27.88	29.39	32.14	32.77	33.75	24.44
辽 宁	25.28	25.38	24.59	27.00	22.42	23.31	24.25
吉 林	26.57	26.96	25.98	26.51	29.47	30.92	29.47
黑龙江	25.63	27.97	28.54	24.89	24.49	27.91	27.46
上 海	7.50	8.47	7.60	7.99	11.98	12.18	11.69
江 苏	19.89	18.40	17.49	16.96	17.67	19.57	20.65
浙 江	6.31	6.20	6.62	6.50	13.34	14.37	14.88
安 徽	24.27	27.20	26.74	23.71	26.66	30.50	29.93
福 建	16.46	18.91	18.69	19.83	23.80	26.07	26.93
江 西	26.23	28.71	27.29	26.61	29.95	31.62	32.58
山 东	24.68	24.86	22.51	21.11	23.99	28.12	27.53

续表

地区	2011	2012	2013	2014	2015	2016	2017
河　南	26.64	27.97	26.94	28.76	30.33	31.55	31.64
湖　北	30.11	27.35	26.76	27.03	30.58	31.56	30.80
湖　南	39.66	37.67	36.03	36.43	39.27	42.50	36.21
广　东	17.52	18.55	18.55	19.28	21.24	22.06	21.63
广　西	31.96	34.61	33.54	31.23	31.91	33.42	34.51
海　南	13.06	14.32	14.42	13.46	18.06	20.79	19.37
重　庆	40.80	43.05	34.29	33.31	32.67	35.44	34.45
四　川	24.81	24.54	24.45	24.46	29.86	31.27	32.08
贵　州	32.98	32.78	30.40	24.88	25.10	28.24	26.90
云　南	20.63	20.50	24.55	27.37	33.05	35.25	34.58
西　藏	16.31	19.08	24.72	30.91	32.91	36.50	33.97
陕　西	37.75	29.31	28.15	29.34	37.36	34.33	25.97
甘　肃	36.90	33.17	31.21	27.12	28.78	33.16	32.93
青　海	21.05	21.31	21.80	20.77	22.96	26.01	25.28
宁　夏	19.48	21.57	22.98	26.35	31.37	36.40	35.27
新　疆	17.63	23.11	26.77	30.77	35.25	33.09	35.60

资料来源：2012—2018 年《中国统计年鉴》。

（二）公共支出的现状分析

1. 公共支出相关概念界定

公共支出就是公共财政的支出，是政府为市场提供公共服务所安排的支出。公共支出可以确保国家职能的履行。政府经济作用的发挥，在市场经济社会中，可以支持市场经济的形成和壮大。而财政支出结构反映着政府活动的范围和方向，体现了政府职能转型和公共政策的偏向。财政支出结构及其运行状况是政府治理的着重点，是政务信息不断公开、透明背景下公众所愈加关注的问题。

2. 地方公共支出现状

财政支出总额呈上升趋势。从表3可知，我国地方财政支出一般预算支出逐年上升，平均增速为11.04%。改革开放以来，放权让利不可避免地带来公共支出相对规模的减少，财政支出占 GDP 的比重一直下降，但随着积极财政政策的推进，趋势有所扭转，对于其他发达国家仍较低。财政支出总量偏小，一定程度代表国家在社会保障、科教文卫、国防等领域支出较其他国家偏低。

表3	我国地方公共支出情况						（单位：亿元）
	2017 年	2016 年	2015 年	2014 年	2013 年	2012 年	2011 年
地方财政一般预算支出	173228.34	160351.36	150335.62	129215.49	119740.34	107188.34	92733.68
地方财政一般公共服务	15238.9	13581.37	12492.49	12217.07	12753.67	11702.14	10084.77
地方财政外交	2.08	2.28	3.54	1.45	1.39	1.44	2.75
地方财政国防	206.02	219.87	219.33	234.4	233.25	210.54	198.29
地方财政公共安全	10612.33	9290.07	7795.79	6879.47	6489.75	5928.13	5267.26
地方财政教育	28604.79	26625.06	24913.71	21788.09	20895.11	20140.64	15498.28
地方财政科学技术	4440.02	3877.86	3384.18	2877.79	2715.31	2242.2	1885.88
地方财政文化体育与传媒	3121.01	2915.13	2804.65	2468.48	2339.94	2074.79	1704.64
地方财政社会保障和就业	23610.57	20700.87	18295.62	15268.94	13849.72	11999.85	10606.92
地方财政医疗卫生	14343.03	13067.61	11868.67	10086.56	8203.2	7170.82	6358.19
地方财政节能保护	5266.77	4439.33	4402.48	3470.9	3334.89	2899.81	2566.79
地方财政城乡社区事务	20561.55	18374.86	15875.53	12942.31	11146.51	9060.93	7608.93
地方财政农林水事务	18380.25	17808.29	16641.71	13634.16	12822.64	11471.39	9520.99
地方财政交通运输	9517.56	9686.59	11503.27	9669.26	8625.83	7332.57	7166.69
地方财政资源勘探电力信息等事务	4660.21	5465.41	5663.56	4634.73	4445.38	3934.53	3547.26

	2017 年	2016 年	2015 年	2014 年	2013 年	2012 年	2011 年
地方财政商业服务业等事务	1519.66	1688.14	1724.76	1319.78	1336.55	1351.71	1394.79
地方财政金融监管等事务	294.83	550.33	496.22	258.7	212.97	249.69	235.34
地方财政地震灾后重建					42.79	103.81	174.45
地方财政国土资源气象等事务	2005.8	1473.93	1766.76	1722.56	1638.91	1367.59	1289.74
地方财政住房保障	6131.82	6338.77	5395.84	4638.31	4075.82	4068.71	3491.87
地方财政粮油物资储备管理等事务	653.3	738.03	777.01	778.39	744.28	731.09	729.49
地方财政国债还本付息	2495.38	1700.49	681.68	983.1	740.8	575.33	564.12
地方财政其他支出	1139.19	1467.16	3341.38	3124.54	2933.09	2444.07	2836.25

资料来源：国家统计局。

各个财政支出项目的总量有所调整，其所占总支出的比例变化明显。从绝对数来看，地方财政支出中支出数额较高的为地方财政社会保障和就业支出、地方财政城乡社区事务支出、地方财政一般服务公共支出、地方财政农林水事务支出、地方财政教育支出。在地方财政外交、国防、科学技术、文化体育、节能保护等项目上，支出数额较少且总量变化较为平稳。从增幅来看，地方财政国债还本付息支出、地方财政城乡社区事务支出平均增速较高，分别为38.71%、18.09%，增长速度较快。科学技术、文化体育、住房保障支出增速呈下降趋势，住房保障出现负增长，从2012年的16.53%下降至2017年的 -3.26%。

三　理论分析

非税收入不断增加，地方政府收支情况发生变化，公共支出结构扭曲。政府可被看作一个理性人，在做决策时，是力图获得自己最大的经济利益。当财政收支平衡发生改变时，政府的支出决策随之变化。根据政治晋升锦标赛理论，上级官员主要依据经济增长来考核和提拔下级官员，因此下级官员有着很强烈的动力来发展经济以求能够获得政治上的升迁，地方政府官员越来越多地被认为是"政治人"而非由金和辉、钱颖一和温加斯特（2005）提出的"财政联邦主义"中的"经济人"。中国地方政府主要官员存在以 GDP 增长率作为主要考核指标的问题，他们追求经济增长的主要政治动力，因此会将更多的财政资源投向经济发展，而不是长期的科教文卫等公共服务。在这种政治激励的指引下，要想增加非税收入，地方政府必定重视经济建设而忽视公共服务，导致政府支出结构出现扭曲。此外，近些年伴随城乡一体化和公共服务一体化等要求的提出，国家政策鼓励地方在科教文卫、民生等方面增加支出的规模，因此不排除地方政府为了迎合中央政府的政策要求，而象征性地或者适度地提高科教文卫等公共服务支出比重。但是地方政府仍然会优先安排见效快、回报周期较短的基本建设支出。

行为决策理论认为人是有限理性的，人的理性介于完全理性和非理性之间。在决策过程中，由于现实决策环境高度不确定，决策者受到时间和可利用资源的限制，因此不会基于最优化原则选择方案，而会用"令人满意"的原则来代替。我国财税体制由中华人民共和国成立初期的高度中央集权向地方财政分权转变，财政分权一定程度上导致了地方公共支出结构的扭曲。在我国财税体制改革的过程中，处于复杂环境中的地方政府作为公共支出的决策者，需要寻求一种"令人满意"的预算支出方案。总体而言，我国的财政支出在结构方面呈现出较为明显的偏向性特征，更多的财政资金被投放到公共服务等领域，而在医疗、教育、卫生和民政等方面的资金投入则明显偏低。财政分权之所以会引发财政支出结构的这种偏向性，虽然有资本的流动性、财政竞争的影响，但内在的根源在于不同类型财政支出在外部性方面的差异。以公共服务、资源勘探为代表的短回报周期财政支出所带来的经济增长效果通常局限在区域内部，因此具有更大的独享性特征，而以教育、卫生投入等为代表的长回报周期支出所带来的增长绩效则可以惠及更广泛的地区，因此具有更强烈的外部性特征。这种外部性方面的差异导致了财政分权体制下政府支出决策的改变，并由此引发了财政支出结构的偏移。

在此理论基础上，本文给出了非税收入对公共支出的影响机制和过程，如图 1 所示。

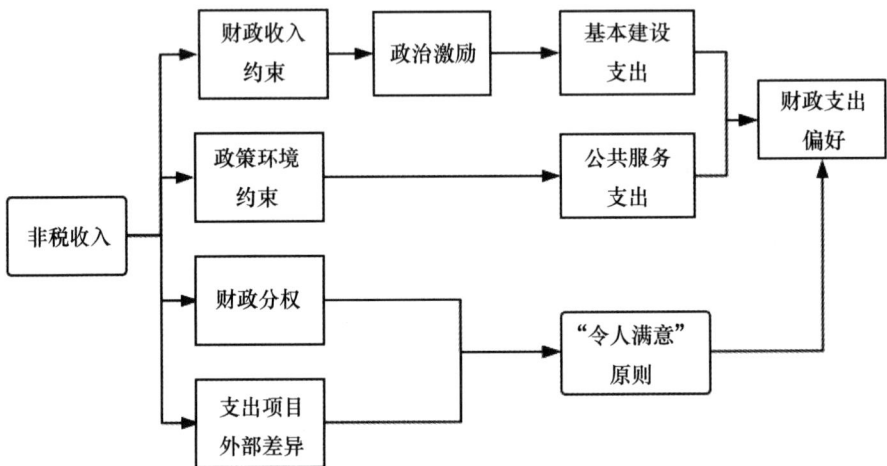

图 1　非税收入对公共支出的影响路径

根据以上理论分析，本文提出以下假设：稳定的非税收入的提高会对短回报周期公共预算支出有影响。

四　实证分析

（一）数据来源

本文数据来源于 EPS 数据库中的《中国统计年鉴》《中国财政税收统计年鉴》，选取范围为中国 34 省份在 2011 年至 2017 年间的面板数据。之所以选择 2011 年至 2017 年而不是更长时间段的数据，原因有两方面。第一，由于 2008 年爆发了震荡全球的金融危机，在这一期间，政府公共支出和财政收入均存在异常波动，故而为避免数据不能准确反映通常情况下的政府收支趋势，本文最终选择了 2011 年为数据起始点；第二，目前许多统计年鉴数据尚未更新至 2018 年，为避免数据缺失，最新的数据只能选取至 2017 年。

经过综合考虑并参考相关文献资料后，本文最终决定选取表 4 中的变量进行实证分析。

表4   变量的选取

变量中文名	变量代码	数据类型	说明
长回报周期公共预算支出（亿元）	lnlterm	Float，被解释变量	科学技术支出、文化体育与传媒支出、社会保障和就业支出、住房保障支出之和，取对数
短回报周期公共预算支出（亿元）	lnsht	Float，被解释变量	一般公共服务支出、城乡社区支出、资源勘探信息等支出之和，取对数
稳定的非税收入（亿元）	stnon	Float，主要解释变量	罚没收入、国有资本经营收入
税收收入（亿元）	lntax	Float，控制变量	取对数
人均 GDP（元）	lnpgdp	Float，控制变量	取对数
职工平均工资（元）	lnwage	Float，控制变量	取对数
进出口额度（元）	lntrade	Float，控制变量	取对数
64 岁以上人口比例	y 64p	Float，控制变量	

（二）研究设定

1. 样本描述

本文所选数据的描述如表 5 所示，所有变量均剔除了数据缺失值。在取对数后，大多数变量的标准差和绝对值都有所缩小。由于存在负值，因此稳定的非税收入一项并未取对数。由于本文更看重趋势变化和相关性的强弱程度，因此认为不对这个变量取对数并不会造成过多估计偏误。

表5　　　　　　　　　　变量的描述统计

变量	观测数	均值	标准差	最小值	最大值
长回报周期公共预算支出	204	6.563	0.613	4.849	8.1
短回报周期公共预算支出	204	6.663	0.643	4.777	8.279
稳定的非税收入	204	88.09	74.107	−56.12	383.16
税收收入	204	7.059	0.961	3.825	9.091
人均GDP	204	10.704	0.397	9.706	11.686
职工平均工资	204	10.863	0.245	10.351	11.621
进出口额度	204	15.212	1.507	11.09	18.508
64岁以上人口比例	204	0.096	0.019	0.048	0.143

2. 模型设定

鉴于本文的数据类型为省级面板数据，故拟采用面板数据回归方法进行实证分析。因此，必须确认应选择固定效应模型还是随机效应模型进行回归分析。本文认为，首先，不论是政府的公共预算支出还是稳定的非税收入，都必然存在一定的非观测效应，因此应当选用固定效应模型。例如，每年的政府公共预算支出都必然包含政府工作人员的工资支出和年限较长的政府债务利息支出，这些支出无法在公共预算支出的总体中直观表现出来，因而是一种非观测效应的体现。其次，利用hausman检验进行解释变量与非观测效应之间的协方差值，检验结果强烈拒绝了该协方差值为零的原假设，因此，hausman检验的结果亦支持使用固定效应模型。综上，本文最终选择固定效应模型进行面板数据回归分析，并设计了如下的面板多元回归模型：

$$Y_{it} = \beta_0 + \beta_1 stnon + \beta_2 X_{it} + \mu_{it} + \varepsilon_{it} \tag{1}$$

其中，Y_{it} 代表被解释变量，在本文中为长回报周期公共预算支出和短回报周期公共预算支出；$stnon$ 代表稳定的非税收入；X_{it} 为控制变量；μ_{it} 为个体固定效应，ε_{it} 为残差项，β_0 为截距项。

在被解释变量中，长回报周期公共预算支出的构成为科学技术支出、文化体育与传媒支出、社会保障和就业支出、住房保障支出之和。

之所以用该指标度量这一概念，是因为这些支出在短期内很难即时产生回报或者其回报很难通过显性的途径表现出来，故而政府通常会在长期中有计划地投入这些项目。比如，科学技术支出通常包含政府对于基础研究与应用研究的投入，而这些研究通常在投入之后需要一定的周期并不断产生阶段性的成果之后，才有可能转化为有利于生产力的实际成果。因此，这类投入往往可以视为政府在长期中有计划地投入，这种投入回报周期相对较长。另外，譬如文化体育与传媒支出这类支出，其回报往往是隐性的，因为它的作用对象为民众的心理与身体素质，故而无法直接以经济数据的形式呈现。因此，这类对经济发展没有直接作用的投入，政府会将其视作一种长期投资并对其进行有计划的投入。总之，这些项目回报周期长、回报不明显的特点，最终促使本文选择它们作为长回报周期公共预算支出的指标。短回报周期公共预算支出的构成为一般公共服务支出、城乡社区支出、资源勘探信息等支出之和。之所以用该指标度量这一概念，原因在于，这些指标衡量了政府的日常经营管理支出和产业、资源开采的监管费用。这些费用的支出直接作用于运转过程中的政府主体，如果缺乏这些支出，政府将难以维持正常的运营。换句话说，这些支出的效果均是投入后立即可见的，即可以将其视为一种"即时生效的公共支出"。总之，这些项目在经济意义上的即时生效性促使本文选择该指标度量政府的短回报周期公共预算支出。两个被解释变量均做取对数处理。

本文的主要解释变量为稳定的非税收入，其构成为罚没收入与国有资本经营收入之和。这一项指标的构建主要考虑了两个因素：第一，该项目的收入是否稳定。由于标准差度量了样本的数据波动幅度，标准差越大，则数据波动越大，因此本文选择用组内标准差来衡量收入是否稳定。第二，是否存在数据缺失。年鉴中的数据缺失主要源于该地区没有进行这一项目的统计和该项目在当年的值为零，因此这些变量的数据缺失在某种程度上便意味着它们是一种不稳定的收入来源。若采用则可能导致估计偏误，故而本文所选择数据均要求无缺失。综合考虑这两个因素后，本文认为罚没收入（组内标准差 12.13）与国有资本经营收入（组内标准差 20.14）两项最能代表政府稳定的非税收入来源。该项由于存在负值，为了尽可能保证数据的完整性，故不做取对数处理。

本文选取了税收收入、人均 GDP、职工平均工资、进出口额度、64 岁以上人口比例作为控制变量。其中，税收收入控制了在政府其他收入不变的前提下稳定的非税收入提升所带来的支出变化；人均 GDP、职工平均工资、进出口额度控制了由各省经济发展水平所导致的政府支出变化；64 岁以上人口比例控制了由于人口老龄化所带来的政府支出变化。除 64 岁以上人口比例外的控制变量均做取对数处理。

（三）实证分析结果

基准回归的结果如表 6 所示，所有回归结果均采用稳健标准误以减小异方差性的影响。其中，模型（1）和（3）分别为短回报周期和长回报周期公共预算支出的简单一元回归，模型（2）和（4）为添加了控制变量后的模型。

表 6 结果很好地验证了本文的假设。由模型（1）、（2）可以看出，稳定的非税收入对于短回报周期公共预算支出的作用在 1% 水平上显著，强烈拒绝了系数为零的原假设；而由模型（3）、（4）则可以看出，稳定的非税收入对于长回报周期公共预算支出的作用不仅不显著，而且系数较短周期支出也要低许多。值得说明的是，此处系数值数字较小的原因在于，本文被解释变量的单位为亿元，且取对数。以模型（2）中稳定的非税收入系数为例，尽管其系数仅为约 0.12，但是若将短回报周期公共预算支出的平均值换算成绝对值，其值也高达 1.13 亿元左右，因而不能认为这种作用效果不大。若将这个值与模型（4）中稳定的非税收入系数相对比，则更可以说明这个问题，模型（2）中的该系数约为模型（4）中的 6.5 倍之多，因此应当认为稳定的非税收入对于公共

预算支出的作用效果是极其显著的。此外，添加控制变量后，模型（2）、（4）的系数均有所下降，但拟合优度大幅度提高至 0.897 和 0.905，这表明简单一元回归未能有效纳入影响公共预算支出的其他因素，但添加的控制变量则较好地控制了这些影响因素。

表6   基准回归结果

	（1）	（2）	（3）	（4）
变量	短周期支出	短周期支出	长周期支出	长周期支出
稳定的非税收入	0.473 ***	0.118 ***	0.268	0.0182
	（0.00103）	（0.000423）	（0.00202）	（0.000284）
税收收入		0.471 ***		0.266 **
		（0.129）		（0.117）
人均 GDP		0.817 ***		− 0.0349
		（0.135）		（0.188）
职工平均工资		0.0807		0.953 ***
		（0.130）		（0.137）
进出口额度		− 0.102 **		− 0.0121
		（0.0422）		（0.0416）
64 岁以上人口比例		0.327		3.046 **
		（1.381）		（1.451）
常数项	6.246 ***	− 4.869 ***	6.326 ***	− 5.426 ***
	（0.0906）	（0.916）	（0.178）	（1.039）
观测数	204	204	204	204
拟合优度	0.181	0.897	0.051	0.905
组别	31	31	31	31

资料来源：使用 Stata 15.0 估计所得，括号内为稳健标准误。*** 表示 $p < 0.01$，** 表示 $p < 0.05$，* 表示 $p < 0.1$。

（四）稳健性检验

1. 更换主要解释变量

如果基准回归的结果是稳健的，那么如果将主要解释变量更换成其他非税收入项目，则其结果应当与基准回归的结果产生显著不同。按照这个思路，本文将包括专项收入、行政事业性收费收入、国有资源（资产）有偿使用收入、其他收入加和，并剔除捐赠收入和政府住房基金收入（由于其数据缺失严重）后进行回归，结果如表 7 所示。由表 7 可知，对于短周期支出而言，尽管其显著性和基准回归一致，但是其系数明显远小于基准回归系数，即使换算成绝对值也较小，因而可以认为该结果异于基准回归；而对于长周期支出而言，其显著性与系数均有明显改变，因此亦可认为该结果异于基准回归。综上，该检验证明基准回归是稳健的。

表 7　　　　　　　　　　　　　更换主要解释变量后的基准回归

变量	（1）短周期支出	（2）短周期支出	（3）长周期支出	（4）长周期支出
其他非税收入	0.107 ***	0.0225 ***	0.117 ***	0.0355 ***
	(0.0158)	(7.75e－03)	(0.0149)	(6.88e－03)
税收收入		0.472 ***		0.171
		(0.153)		(0.106)
人均 GDP		0.883 ***		－0.223
		(0.152)		(0.139)
职工平均工资		－0.0659		0.984 ***
		(0.184)		(0.115)
进出口额度		－0.0976 **		0.0133
		(0.0431)		(0.0359)
64 岁以上人口比例		－0.0675		2.225 *
		(1.427)		(1.171)
常数项	6.179 ***	－4.018 ***	6.034 ***	－3.527 ***
	(0.0715)	(1.078)	(0.0674)	(1.140)
观测数	204	204	204	204
拟合优度	0.580	0.902	0.601	0.931
组别	31	31	31	31

资料来源：使用 Stata 15.0 估计所得，括号内为稳健标准误。*** 表示 $p < 0.01$，** 表示 $p < 0.05$，* 表示 $p < 0.1$。

2. 更改时间窗

如果基准回归的结果是稳健的，那么主要解释变量的显著性和系数不应随着时间的变化而轻易改变。因此，本文选择 2013—2017 年、2014—2017 年两个回归区间对基准回归进行回归。如果回归结果的系数和显著性几乎没有变化，则佐证了基准回归是稳健的。如表 8 所示，更改时间窗后，基准回归的结果并未改变，因而可以说明基准回归是稳健的。

表 8   2013—2017 年间基准回归

变量	(1) 短周期支出	(2) 短周期支出	(3) 长周期支出	(4) 长周期支出
稳定的非税收入	0.348 ***	0.140 **	0.0952	9.11e - 03
	(0.0477)	(0.0518)	(0.117)	(0.0286)
观测数	142	142	142	142
拟合优度	0.203	0.801	0.013	0.888
稳定的非税收入	0.361 ***	0.137 ***	0.124	0.0436
	(0.0613)	(0.0461)	(0.124)	(0.0346)
观测数	112	112	112	112
拟合优度	0.241	0.806	0.031	0.828

资料来源：使用 Stata 15.0 估计所得，括号内为稳健标准误。*** 表示 $p < 0.01$，** 表示 $p < 0.05$，* 表示 $p < 0.1$。

（五）进一步分析

分析非税收入对公共支出的影响时，经济发展差异是一个不得不提及的问题。发达地区不论是在非税收入规模或公共支出规模上均远高于欠发达地区，而我们并不清楚这种经济规模的差异是否会对政府的公共支出偏好产生影响。因此，尽管我们把全国全部省份作为一个整体时可以得出第三节中的结论，但是也必须注重这种由经济规模差异可能导致的地区异质性。故在基准回归分析的基础上，本文进一步将观测对象进行分组，划分东、中、西部地区并进行回归分析，以探寻由经济规模差异而带来的非税收入对公共支出影响的异质性。估计结果如表9所示。其中，模型（1）、（2）为西部地区的稳定的非税收入对短回报周期公共预算支出和长回报周期公共预算支出的回归，模型（3）、（4）和（5）、（6）分别为中部地区和东部地区的回归。

表9　　　　　　　　　　　　划分地区后的基准回归

变量	（1）西部短周期投入	（2）西部长周期投入	（3）中部短周期投入	（4）中部长周期投入	（5）东部短周期投入	（6）东部长周期投入
稳定的非税收入	−0.0146	0.138**	0.0811	−0.0101	0.0983**	0.0107
	(0.0989)	(0.0619)	(0.0837)	(0.0849)	(0.0335)	(0.0264)
税收收入	0.282	0.0784	0.277	0.459***	0.883***	0.209
	(0.187)	(0.155)	(0.314)	(0.116)	(0.191)	(0.127)
人均GDP	0.701***	−0.190	0.488	−0.252	0.949**	0.0156
	(0.192)	(0.226)	(0.458)	(0.288)	(0.323)	(0.199)
职工平均工资	0.347	0.980***	0.415	1.142***	−0.396*	1.285***
	(0.238)	(0.217)	(0.261)	(0.297)	(0.212)	(0.189)
进出口额度	−0.0378	0.0526	0.0465	−0.0441	−0.348**	−0.0481
	(0.0540)	(0.0484)	(0.106)	(0.117)	(0.136)	(0.199)
64岁以上人口比例	−1.451	3.272	2.153	0.879	2.122	−0.434
	(3.410)	(2.126)	(2.011)	(1.486)	(1.868)	(2.418)
常数项	−5.933***	−3.956***	−5.791*	−5.534**	−0.556	−8.391***
	(1.126)	(1.243)	(2.762)	(1.654)	(2.047)	(2.050)
观测数	79	79	56	56	69	69
拟合优度	0.872	0.877	0.948	0.972	0.931	0.930
组别	12	12	8	8	11	11

资料来源：使用 Stata 15.0 估计所得，括号内为稳健标准误，*** 表示 $p < 0.01$，** 表示 $p < 0.05$，* 表示 $p < 0.1$。

该回归结果表明：对经济发达的东部地区而言，非税收入的短回报周期投入偏好较为明显；而对于经济欠发达的中西部地区而言，非税收入的短回报周期投入偏好则不明显；甚至对于相对较不发达的西部地区而言，非税收入反而抑制了短周期投入并增加了长周期支出。这似乎有些背离基准回归的结果。但若考虑各地区的实际情况，则这种背离仍可得到解释。

对于东部地区而言，其非税收入的可支配额度较高，且对非税收入的依赖度较低，因此东部地区缺乏将非税收入用于长期投入的激励，转而更倾向于将其用于即时见效的领域。以样本数据为例，其非税收入占一般公共预算收入的比例平均仅为 20.12%，相比中西部地区的 29.2%、30.0% 较低，但绝对值较中部地区高出 136.5 亿元，较西部地区高出 352.515 亿元。在这种情况下，东部地区并不像中西部地区那样依赖非税收入进行政府投资，因为东部地区既有大量的税收资金可以支配，同时非税收入资金也较高，政府自然可以将规模更大的税收资金逐步投入长回报周期的支出中去。对于西部地区而言，其公共预算收入相对有限，资金使用的回旋余地更小，一分一毫都须用在刀刃上。因此，政府在使用非税收入资金时，也必须考虑将非税收入用作长回报周期投入，并将税收资金用在短回报周期支出上以维持政府的正常运转。因此，西部地区出现了与东部地区不相一致的情况。最后，中部地区介于东部地区和西部地区之间，它们对于非税收入的依赖程度较西部地区低，而预算收入规模却无法达到东部地区的水准，因此对于稳定的非税收入的使用并没有明确的界限，计划性不强，因此在模型（3）、（4）中表现为不显著。

五　对策建议

基于以上研究，本文提出以下建议。

第一，加快新预算法的贯彻落实，推进政府会计改革，推动财政预算的公开透明。作为财政收入的重要组成部分，非税收入的设立、征管、使用情况同样应向社会公开，并就公开的内容、时间及具体的解释说明做出全面的细化规定。同时，应积极推进政府会计改革，健全相关制度规范，科学引导与约束地方政府的财政信息公开，保障信息公开的全面性、真实性和可靠性。通过引入权责发生制的核算基础，反映和披露预期的、隐性的非税收入，为实现财政透明与非税收入的合理增长提供数据支撑。

第二，提高预算管理的规范性，强化预算监督，硬化预算约束。当前，非税收入的预算化管理并未实现其规模的合理增长，预算软约束的存在便是重要诱因。而硬化预算约束，关键在于提高预算管理的规范性，强化预算监督。因此，在推进预算改革的进程中，要适度约束非税收入项目的立项、征管和使用权限，并建立全国统一的非税收入监督条例，将预算监督的重点从收入任务的完成转向支出项目的绩效，削弱地方政府的公共投资冲动，抑制地方政府扩张非税收入的动机。

第三，构建平衡、匹配的"财权—事责"结构，改变以 GDP 增长为主导的政绩考核机制，缓解财政压力，抑制公共投资冲动。不可否认，非税收入的过快增长，其背后有着相应的政治与经济激励机制。要牢牢把握深化财税体制改革的契机，在激励与规制相容的原则下合理划分各级政府间的财权与支出责任，缓解财政压力。

第四，根据综合财政预算改革的要求，非税收入资金不再区分为预算内与预算外分别管理，应全面纳入财政预算，加强监督管理，提高使用效率。同时，各部门单位收缴的非税收入应全部上缴财政，其政务或公共事务所需资金由预算统一安排，实行收支两条线管理。

第五，完善分税制，重建地方税体系，赋予地方政府更大的财权。在"营改增"的背景下，地方政府失去了最重要的主体税种营业税，这意味着地方可支配的自主性税源减少，在一定程度上刺激了地方政府增加非税收入的动机。所以，完善分税制，增加地方政府自主性税源，是解决非税收入快速膨胀、规范非税收入管理的重要前提条件。

财政是国家治理的基础和重要支柱。公共支出的结构不仅体现在国家基础建设是否到位，还关乎每一位公民的切身利益。只有将财政收入用于最合适的地方，才可以真正保证国家的繁荣发展，提高人民的生活质量。

六　结论

本文首先对非税收入和公共支出的现状进行分析，了解了非税收入和公共支出的规模、结构特征，并结合理论阐释非税收入对于公共支出结构影响的路径。最后，通过实证检验非税收入与公共支出结构的关系，考察非税收入与财政支出偏好之间的作用机制。本文的结论部分围绕以上分析内容展开，具体包括以下两个方面。

（一）非税收入对公共预算支出存在影响

稳定的非税收入对短回报周期公共预算支出具有显著的正向影响，对长回报周期公共预算支出的影响不显著。稳定的非税收入使得政府在支出决策时偏向于优先投入一般公共服务、资源勘探信息等支出上，而对于长回报周期，比如公共预算支出、科学技术支出、文化体育传媒支出、社会保障和就业支出、住房保障支出，不会轻易考虑投入。

（二）非税收入对公共预算支出的影响存在区域异质性

稳定的非税收入对公共预算支出的影响在东部地区较为明显，而对于西部地区来说，这种影响表现并不强烈。对于非税收入依赖度较低的东部地区，可支配非税收入更高，倾向于将税收收入投入即时见效的领域。而对非税收入的依赖较大、政府可使用的税收资金相比较少的中西部地区，非税收入的短回报周期投入偏好不明显。

Abstract：The expected range for non-tax revenue to account for government public revenue has expanded, and contacts of them can't be known to effectively support relevant policy decisions. Use the fixed-effect panel data model to analyze the impact of government non-revenue on public wealth, this article believes that due to the existence of the government, the constraints of the environment, and the management of public utility expenditures on the principle of "satisfaction", the government is profitable to temporarily reward stable non-tax revenues to the immediately reward public budget expenditure items. This preference is more obvious for eastern regions, and for the central and western regions, this performance is not strong because of the weaker constraints of public budget revenue.

Key Words：Government non-tax Revenue；Public Budget Revenue；Fix-effect model

地方政府非税收入、房价波动与系统性金融风险研究

马玲泽　王依凡　赵　佳　李　欣　张雨桐[*]

摘要： 土地财政是我国经济发展过程中的特有产物，其在推动地方城镇化进程、完善基础设施建设等方面都做出了较多的贡献。但是随着地方政府对土地财政依赖程度的不断加深，助推了房价和地价的上升，同时也逐渐酝酿出了较大的金融风险。本文利用2007—2016年的我国30个省的面板数据，构建了面板数据的联立方程模型，对土地财政、地价、房价、金融风险之间相互依存、相互影响的关系进行了实证检验。研究发现，随着地方政府对土地财政的依赖程度加大，地方政府缓解财政压力的同时助推了地价和房价的上涨，且土地财政对地价和房价具有显著的正向影响。另外，地价和房价高企也会促使地方政府对土地财政依赖度的上升，且实证结果表明地价和房价二者显著正向地影响着地方政府对土地财政的依赖度。最后，结合定性分析结果和实证分析结果，分别从改变土地财政现状、阻断土地财政通过地价传导金融风险的机制、阻断土地财政通过房价传导金融风险的机制三个角度为防范土地

* 作者简介：马玲泽，云南大学经济学院硕士研究生；王依凡，云南大学经济学院硕士研究生；赵佳，云南大学经济学院硕士研究生；李欣，云南大学经济学院硕士研究生；张雨桐，云南大学经济学院硕士研究生。

财政金融风险提出一些建议。

关键词： 土地出让金　非税收入　房价　地价　金融风险　土地财政

一　引言

"非税收入"这个词，从广义上讲，是指除税收之外的一切政府收入。但在中国政府预算体系里，对非税收入有专门的定义。《财政部关于加强政府非税收入管理的通知》（财综〔2004〕53 号）把政府非税收入定义为 10 项①，《政府非税收入管理办法》（财税〔2016〕33 号）又将其拓展到 12 项②，不变的只是社保基金始终被排斥在非税收入的统计之中。可见在中国政府预算体系里，非税收入是政府收入的重要组成部分并得到了准确的划分。在分税制改革以后，政府非税收入占财政收入的比重上升较多，其超常规增长和无序膨胀使得国内众多学者对其进行了深入研究。特别是地方政府在分税制改革之后逐渐形成事权和财权不匹配的财政困局，使得政府加大了对于土地资源的运作，从而形成了中国地方政府独特的以土地出让金为核心的土地财政模式。③ 地方政府非税收入或者说地方政府财政收入中很大部分来自土地财政收入，特别是土地出让金在其中的占比很高。政府部门欲对无序膨胀的非税收入进行规范化管理，那么必先对土地财政及其可能引发的金融风险有充分的研究。国内学者对我国土地财政研究的文献较多，但是近几年对其的研究文献寥寥无几。

---

① 10 项政府非税收入包括：行政事业性收费、政府性基金、国有资源有偿使用收入、国有资产有偿使用收入、国有资本经营收益、彩票公益金、罚没收入、以政府名义接受的捐赠收入、主管部门集中收入以及政府财政资金产生的利息收入等。社会保障基金、住房公积金不被纳入政府非税收入管理范围。

② 新增加的两项政府非税收入分别是：特许经营收入和中央银行收入。

③ 董再平（2008）将土地财政收入划分为三个部分：土地出让金、与建筑业和房地产业有关的相关税费和土地抵押获得的债务收入。

近几年，经济数据显示我国出现土地价格和商品房价格逐年攀升的现象，金融风险发生频次增加，同时地方政府对于土地财政的依赖程度也呈现出不断增强的趋势，相关研究文献认为土地财政与地价和房价攀升有着密切的关系。但是国内学者对于土地财政金融风险的研究较少，很多研究仅是对土地财政与房价和地价之间的因果关系进行了研究，同时把土地市场、房地产市场、地方政府部门和金融机构置于统一框架下的研究较少。所以，本文通过把土地市场、房地产市场、地方政府部门和金融机构纳入一个框架下，全面系统地对土地财政、房价、地价和金融风险做研究，研究土地财政通过房价和地价传导金融风险的机制。以往的研究大多关注其中某两者之间的局部关系，而本文站在一个更加全面的视角来审视土地财政带来的金融风险问题。

二 文献综述

自1994年我国实施分税制改革以来，地方政府财权与事权不匹配、不对等，财权不断上升，事权不断下降，直接导致了地方政府财政的巨大缺口，影响了地方财政的可持续性。由于土地出让金被纳入地方财政的非税收入部分，因此地方政府有动机依赖增加土地出让金来增加地方政府的非税收入，进而增加其可支配收入。地方政府的行为形成了具有中国特色的土地财政。随着地方政府对土地财政依赖程度的不断加深，也逐渐酝酿了较大的金融风险。2017年中央经济工作会议上，习近平总书记就同时提到要促进房地产市场平稳健康发展和土地财政、金融改革的问题。次年12月的中央经济工作会议上，会议明确指出要打好防范化解重大风险攻坚战，防范金融市场异常波动和共振。所以，对于研究地方政府非税收入视角下土地财政引致系统性金融风险的机制是有意义和价值的。

（一）政府非税收入与土地财政

土地财政指的是地方政府利用土地所有权和管理权进行的财政收支活动和利益分配关系[1]，狭义上是指地方政府通过出让土地获得土地出让金来补充其收入的行为。由于土地资源的国有化，地方政府在土地分配、管理、出让活动中具有绝对的权力。更由于土地出让金受到很少的监管，并且在土地财政的模式下，土地出让金由此成为地方政府最主要的收入来源之一。社会舆论经常把土地出让金收入与地方政府财政收入直接对比，认为地方政府财力已经高度依赖土地财政。地方政府对于土地财政的依赖，直接刺激了土地市场和房地产市场的繁荣，土地价格飙升，房价高企。土地财政与房价之间相互依存、相互影响的关系，加强了地方政府对于土地财政的依赖程度。同时，商业银行为地方政府进行土地财政提供了强有力的外部支撑，渗透了土地财政模式中的各个环节，积累了较多的金融风险。

（二）土地财政与地价、房价的关系

学者们对于土地财政与地价关系的研究认为，地方政府为了弥补财政赤字，会以较低的价格出让土地，以推动与土地相关的房地产业和建筑业，或者间接影响工业的发展，以获得更多的税收来弥补赤字。赵文哲、杨继东研究发现，当地方政府面临较高的财政缺口压力时，它会以较低的价格向国有企业增加出让土地，尤其在经济增长下滑阶段，这种现象更加明显。[2] 雷潇雨、龚六堂把企业集聚效应和土地财政引入城市经济模型进行研究，发现地方政府会以低价出让工业用地，降低企业成

---

[1] 朱秋霞：《论中国政府间财政分配制度理论依据之缺失——以德国和美国制度比较为角度》，《经济社会体制比较》2007 年第 5 期。

[2] 赵文哲、杨继东：《地方政府财政缺口与土地出让方式——基于地方政府与国有企业互利行为的解释》，《管理世界》2015 年第 4 期。

本，促进生产并推动城镇化，从而起到增加财政收入的目的。①

自 1998 年住房市场化改革以来，房地产价格持续上涨，地方政府的土地财政行为在其中无疑起到了作用。宫汝凯利用 1999—2007 年的省级面板数据，对分税制背景下土地财政的形成机制以及土地财政对房价的影响机制进行了实证研究，发现土地财政是联结分税制改革和高房价的中间变量。② 张双长和李稻葵认为自 1994 年分税制改革以来，地方政府的财政困难促发了对土地财政的依赖性，进一步发现地方政府对土地财政的依赖性与房价呈同方向变动，实证了地方政府有动机为增加财政收入而促进城市房价上涨。③ 周彬和杜两省发现，土地财政推动了房价持续上涨，而正是中央政府与地方政府的分税制模式造成地方政府对"土地财政"的依赖。④ 郑思齐和师展构建了面板数据回归模型，运用系统广义矩阵估计方法对模型进行估计，认为地方政府对招商引资的需求确实推动了地价的上升，同时地方政府对土地出让金的依赖也对房价有推动作用，而地方政府对招商引资的需求和对土地出让金的依赖也在一定程度上通过地价传导到房价，但效果不显著。⑤ 但是一些学者通过实证分析得出的结论却与此相反。高斌和高波通过使用省际面板数据后发现，土地财政没有推高房价，反而对于房价的上涨产生抑制作用。⑥

---

① 雷潇雨、龚六堂：《基于土地出让的工业化与城镇化》，《管理世界》2014 年第 9 期。
② 宫汝凯：《分税制改革、土地财政和房价水平》，《世界经济文汇》2012 年第 2 期。
③ 张双长、李稻葵：《"二次房改"的财政基础分析——基于土地财政与房地产价格关系的视角》，《财政研究》2010 年第 7 期。
④ 周彬、杜两省：《"土地财政"与房地产价格上涨：理论分析和实证研究》，《财贸经济》2010 年第 8 期。
⑤ 郑思齐、师展：《"土地财政"下的土地和住宅市场：对地方政府行为的分析》，《广东社会科学》2011 年第 2 期。
⑥ 高斌、高波：《地方财政与房产价格的经济解释及经验证据》，《经济实证》2011 年第 5 期。

（三）土地财政风险的研究

自 1994 年实行了分税制改革后，地方政府财权与事权的不对等直接导致了地方政府财政的巨大缺口，而地方政府将土地资产注入其融资平台，融资平台将土地资产进行抵押，从商业银行、债券公司、信托公司等融资渠道获得资金，再进行基础设施建设活动，弥补财政缺口。这样实际上把地方政府、土地市场、房地产市场和金融市场捆绑在了一起，各种风险和矛盾相互交织，只要其中某个资金链条发生违约风险，很有可能导致系统性金融风险，引发宏观经济波动。对于土地财政引发金融风险方面的研究主要集中在土地抵押融资方面。周卫、陈小君研究发现，以地方政府土地为杠杆借债融资和出让土地吸引投资，再通过税收获得长期持续收入，这样一种通过"以空间换时间"的土地财政发展模式，可能由于宏观经济形势的变化而暴露巨大风险。[①] 徐鲲、郑危认为地方政府主要的还款来源是土地出让金，一旦土地市场和房地产市场低迷，土地出让交易受阻，必会导致债务危机。[②] 武雅玲等人（2013）研究表明，评级机构的虚增评级使房地产价格的波动形成泡沫，大量金融衍生产品的出现在一定程度上加剧了房价泡沫对金融市场的冲击。潘慧然和王纯（2013）利用面板门限向量自回归的方法，构建了不同的门限约束，详细地阐述了房价波动对系统性金融风险影响的传导过程。

综上所述，目前国内外学者对于土地财政助推地价和房价进而引发系统性金融风险的文献较少。现有的文献对于土地财政的金融风险研究大多采用定性分析的方法，简单地将风险进行分类和罗列，然后给出一些定性的描述。基于这样的研究背景，在地方政府非税收入的视角下，

---

① 周卫、陈小君：《土地财政风险与地方政府负债比例信息披露的关系研究》，《经济问题探索》2014 年第 6 期。

② 徐鲲、郑危：《地方政府"土地财政"模式的路径依赖与治理创新》，《经济体制改革》2015 年第 5 期。

研究土地财政与地价、房价、潜在的系统性金融风险成为现在亟待解决的问题。由于定性分析缺乏对土地财政金融风险的实证检验与水平测度，所以接下来的研究采用定性分析和定量研究相结合的方法，站在一个更加全面的视角来审视土地财政所带来的金融风险问题，对土地财政加剧金融风险的机制进行深入、详细的探讨，对以往的研究进行补充。

三　制度背景与研究假设

（一）分税制改革和土地财政的形成

中国在 20 世纪 80 年代进行财税体制改革，实行对地方政府放权让利、分灶吃饭的财政包干体制来调节中央和地方政府的预算财政分配关系。在那段时期，中央政府的财政负担显著增加，体现在国家预算内财政收入占 GDP 的比重以及中央预算内收入占全国预算内收入的比重逐年下降。到 1993 年，中央财政收入仅占全国财政收入的 22%，国家财政收入占 GDP 的比重下降为 12%。为摆脱自身财政能力减弱的困境，中央政府于 1994 年推行分税制改革。分税制改革以后，财权不断上移至中央，事权下降至地方政府，导致地方政府财权与事权不匹配，进一步加大了地方政府的赤字压力。随着工业化和城市化的加快，以及 1998 年国务院下发《关于进一步深化城镇住房制度改革　加快住房建设的通知》明确指出住房由原来的实物分配转为逐步实行住房分配货币化，使得我国经济社会对土地需求的加大。同时，土地管理法等法律法规赋予了地方政府卖地的权力，土地逐渐成为地方政府经营的对象，土地财政孕育而生。基于以上分析，提出假设 1。

H1：分税制背景下逐年扩大的财政分权制度是引发地方政府追求土地财政策略的制度性因素：在其他条件相同的情形下，财政分权制度对地方政府的土地财政规模具有正向影响。

（二）土地财政对房价水平的影响机制

党的十九大报告指出：坚持房子是用来住的、不是用来炒的定位，加快建立多主体供给、多渠道保障、租购并举的住房制度，让全体人民住有所居。然而，我国近年来持续走高的房价已经给经济社会带来严重的影响，为了有效应对高房价带来的各类问题，应该厘清高房价背后的助推力。而 1994 年我国分税制体制改革之后出现的土地财政被认为是房价高企背后一个不可忽视的重要因素。近年来，我国学者就针对土地财政与高房价之间的内在联系进行了深入研究。比如，郭珂通过格兰杰因果检验得出地方政府土地财政依赖、财政缺口与房价三者之间存在相互反馈的作用机制，土地财政依赖驱动房价不断上涨。[1] 李青等的研究进一步论证了地方政府过度依赖土地财政是影响房价过快上涨的重要因素。[2] 饶国霞等认为地方政府、房地产开发企业和购房投资者都属于土地财政受益者，因此三方利益群体均具有推高房价的强烈动机，其中地方政府谋求超额土地财政收入是房价上涨的症结所在。[3] 唐云锋和马春华利用静态面板模型和动态面板模型相结合的计量方法，将地方政府财政压力、土地财政与房价水平置于同一框架内，研究财政压力、土地财政对房价的影响作用，结果发现：地方政府财政压力不仅直接促使房价上升，还通过土地财政固化"房价棘轮效应"。[4] 但是，有学者认为，土地财政和房价水平呈现负相关的变动关系，或者二者间联系不显著。例如，刘成玉和段家芬研

---

① 郭珂：《土地财政依赖、财政缺口与房价——基于省际面板数据的研究》，《经济评论》2013 年第 2 期。

② 李青、苗好鑫、杨蓬勃：《分税制改革视角下土地财政与房价水平关系研究》，《西安财经学院学报》2013 年第 5 期。

③ 饶国霞、葛扬：《我国房地产如何破解"土地财政"之殇》，《商业经济与管理》2014 年第 1 期。

④ 唐云锋、马春华：《财政压力、土地财政与"房价棘轮效应"》，《财贸经济》2017 年第 11 期。

究认为长期存在的政府垄断土地和近 10 年出现的高房价并不直接相关。鉴于上述分析，提出假设 2。[1]

　　H2：在控制了经济基本面、城市化率和地区竞争等潜在影响房价的因素后，分税制背景下的土地财政是推动房价持续快速上涨的不可忽略的因素。

（三）土地财政与系统性金融风险

　　土地财政被认为与近些年地价和房价的上涨有着密不可分的联系。很多学者认为土地财政助推了地价和房价高企，同时积累了一定的金融风险，而商业银行在其中无疑发挥着关键的作用。一方面，商业银行能够为地方政府征地提供资金支持；另一方面，商业银行能够为房地产开发商提供贷款购买土地进行建设，并且还为那些潜在的购房者提供购房贷款。金融体系在其中起到了非常重要的角色，把金融市场、房地产市场和土地市场有机地联合在了一起，形成了政府向房地产开发商供地、房地产开发商向消费者供房、消费者向房地产开发商购房、房地产开发商向地方政府购地的资金供应链。一旦土地价格和房地产价格出现较大的波动，必将引起银行信贷危机，形成金融风险，爆发系统性金融风险。近些年，地方政府对于土地财政的依赖度依然有增无减，导致地价和房价上涨的同时，波动幅度也有放大的迹象。同时，依然较高的刚性住房需求使得房地产开发商的数量变多，资质良莠不齐，资产负债率很高，资本结构不合理，在经济下行时期面临着较高的财务风险，从而引发信贷危机。

　　从消费者的角度看，商品住宅不仅是消费品还是投资品。目前，我国房地产市场的投机性需求占比较多。在房价不断攀升的情况下，消费

---

　　① 刘成玉、段家芬：《再论"土地财政"与城市高房价》，《江苏大学学报》（社会科学版）2013 年第 3 期。

者对房价上涨保持乐观的预期，房地产投资成为一些消费者实现财富增值保值的主要渠道。大量的投机性需求使得房价与绝大多数消费者的收入水平之间存在较大的差距。为了弥补购房资金与自由可支配资金间的差额，消费者需要从银行大量贷款，导致个人住房贷款的增长速度远远高于城镇居民人均可支配收入的增长速度。一旦住房价格出现较大波动，影响消费者对房地产市场的预期，抑制消费者对于房地产市场的投资需求，则会造成房地产市场的不景气。房地产市场低迷，会带来消费者住房贷款萎缩，使得金融风险容易积累，进而形成系统性金融风险。基于上述分析，提出假设3。

H3：土地财政的金融风险主要是通过不断推高地价和房价来进行传导的，而商业银行在整个传导机制中发挥着非常重要的作用。

四　研究设计

（一）样本选择

本文选取面板数据来进行实证分析，时间维度为2007—2016年，涉及全国30个省份，由于西藏地区数据缺失较多，所以暂时不考虑西藏地区。2007年，国土资源部颁布了有关国有土地出让方式的相关文件，文件中明确规定，在土地出让过程中若出现两个以上的意向者，则一律采用招拍挂的方式出让。从此，我国确立了以公开竞价的方式进行土地出让的机制，这对地方政府依赖土地财政具有重要的影响。因此，本文以2007年作为数据研究的起点。由于数据公布的滞后性，2018年相关指标的数据存在缺失，估算起来误差性较大，因此，将2016年作为数据研究的终点。所使用的各省面板数据来源于Wind数据库、EPS数据平台和各省的统计年鉴。本文使用计量软件Stata 15.0进行实证分析，所有原始数据都做了取对数处理。选取的变量和变量的定义如表1所示。

表1　　　　　　　　实证分析中用到的变量及其解释说明

变量名称	变量符号	变量定义
土地财政依赖程度	lfdep	用地方政府以招拍挂方式出让的土地所得到的价款与该地区生产总值的比值来表示
土地价格	landprice	用以招拍挂方式出让得到的土地出让价款与出让面积之比得到的土地价格来表示
房价	houseprice	用城镇住宅平均销售价格来表示
区域系统性风险	rfrisk	由于土地财政的金融风险主要集中于以银行为代表的金融中介机构，因此选取商业银行的不良贷款率作为衡量金融风险的指标
经济增长水平	gdprate	选择GDP的增长率作为衡量经济增长水平的指标
地方政府财政赤字	fdeficit	选用地方财政预算收入、预算支出之间的差额表示
基础设施建设水平	infrastructure	选用政府人均教育支出来衡量某一地区的基础设施建设情况
人均可支配收入	dispincome	选取城镇居民的人均可支配收入来表示
人口	population	选用省内的人口总数来表示

（二）变量的描述性统计

从表2可以看出，在区域系统性金融风险方面，最大值为0.8932，而最小值仅为0.2048，这反映了我国不同区域间（指省际）系统性金融风险差异较大。在土地财政依赖度方面，最低值仅为0.029，而最高值高达1.395，说明部分地方政府已经把土地出让收入作为维持运行和经济发展的主要资金渠道。另外可以看出，土地出让价格最高为35178.59万元/公顷，最低仅为60.083万元/公顷；城镇住房平均销售价格最高价为28489元/平方米，最低价仅为1851元/平方米，无论是地价还是房价，最高价格与最低价格之间相差甚大，说明地区之间差异巨大。

表 2 变量的描述性统计

变量名	变量符号	均值	标准差	最大值	最小值	样本量
土地财政依赖度	lfdep	0.469	0.230	1.395	0.029	300
地价（万元/公顷）	landprice	1545.1	3183.657	35178.59	60.083	300
房价（元/平方米）	houseprice	5375.83	3762.44	28489	1851	300
区域系统性风险（%）	rfrisk	0.6219	0.1039	0.8932	0.2048	300
经济增长水平（%）	gdprate	0.116	0.058	0.244	−0.289	300
地方政府财政赤字（亿元）	fdeficit	−1400.481	903.462	−107.199	−4620.04	300
基础设施建设水平（元/人）	infrastructure	1379.163	713.595	4083.617	348.098	300
人均可支配收入（元/人）	dispincome	22281.5	8605.095	57691.670	10012.34	300
人口数量（万人）	population	4467.482	2677.047	10999	552	300

（三）模型设定

由于普通的单个方程模型对各经济变量之间的关系进行估计时，容易忽略变量之间的内生性及双向因果关系，从而导致异方差或者模型误设的问题。并且，由于本文研究的问题包括政府、房地产开发商和金融机构三个部门，问题的核心是研究土地财政通过助推地价和房价上涨，而当地价和房价高位波动时极易产生金融风险，金融风险进一步积累会形成更加严重的系统性金融风险，金融机构无疑在风险的传导过程中发挥了非常关键的作用。为了识别出风险的传导机制，本文试图构建一个包括土地财政、地价、房价、金融风险等多个变量在内的联立方程模型，综合考虑这些变量之间的内在反馈机制。

模型基本形式如下：

$$lfdep_{it} = \alpha_0 + \alpha_1 landprice_{it} + \alpha_2 houseprice_{it} + \alpha_3 fdeficit_{it} + v_{it} \quad (1)$$

$$landprice_{it} = \beta_0 + \beta_1 lfdep_{it} + \beta_2 houseprice_{it} + \beta_3 infrastructure_{it} + \mu_{it} \quad (2)$$

$$houseprice_{it} = \gamma_0 + \gamma_1 lfdep_{it} + \gamma_2 landprice_{it} + \gamma_5 dispincome_{it} + \gamma_6 population_{it} + \tau_{it} \quad (3)$$

$$rfrisk_{it} = \theta_0 + \theta_1 \, landprice_{it} + \theta_2 \, houseprice_{it} + \theta_3 \, gdprate_{it} + \in_{it} \quad (4)$$

其中，i 和 t 分别表示地区和时间。模型中，$lfdep$ 表示土地财政依赖度，$landprice$ 表示地价，$houseprice$ 表示房价水平，$fdeficit$ 表示地方政府财政赤字，$infrastructure$ 表示基础设施建设水平，$dispincome$ 表示人均可支配收入，$population$ 表示人口，$rfrisk$ 表示区域系统性风险，$gdprate$ 表示经济增长率，v_{it}、μ_{it}、τ_{it} 和 $\in_{it}$ 表示回归残差项。

五　实证结果分析

本文参考以往的研究，并结合本文的研究问题，选择两阶段最小二乘法（2SLS）对上述联立方程进行回归并对得到的结果进行分析。

（一）面板联立方程的回归结果（见表3）

表3　　　　　　　　面板数据的联立方程估计结果

变量	lfdep	landprice	houseprice	rfrisk
常数项	8.2075	−4.3713	3.1032	20.3694
landprice	3.1564 ***		0.4453 ***	1.5096
	(11.3265)		(26.1176)	(10.1752)
houseprice	2.2106 ***	1.5128 ***		3.7423 ***
	(9.7633)	(21.5135)		(12.2049)
fdeficit	0.2362 ***			
	(2.9714)			
lfdep		0.4391 ***	0.7416 ***	
		(8.7956)	(3.5392)	
infrastructure		0.3255		
		(0.8120)		
dispincome			0.3719 ***	
			(2.4539)	
population			0.0413 ***	
			(3.2364)	
gdprate				0.8741 ***
				(5.6517)

注：表中 ***、**、* 分别表示在1%、5%、10%显著性水平下显著；括号中的值为 t 统计值。

（二） 土地财政方程回归结果分析

$$lfdep_{it} = 8.2075 + 3.1564 \times landprice_{it} + 2.2106 \times houseprice_{it} +$$
$$0.2362 \times fdeficit_{it} \tag{5}$$

式（5）根据实证结果得到，是土地财政的表达式。其中，内生变量地价和房价与土地财政存在着显著的、正向的影响关系。它是由于在1994 年进行财政体制分税制改革和 1998 年进行房地产市场改革之后，地方政府财政压力加大，财政赤字率上升，为了缓解财政压力，地方政府需要寻找有力的财源。财权上移，事权下降，地方政府财权事权不匹配，唯独土地资源是地方政府拥有的优质资源，导致地方政府把目光聚焦到土地资源的开发与出让上，从而获得资金缓解财政压力。房价的不断上涨，能够刺激房地产开发商的开发需求。开发需求的不断增多必然会引起土地市场供不应求，导致地价上涨，增加地方政府对土地财政的依赖程度。

外生变量 $fdeficit$ 即地方政府财政赤字对土地财政的依赖程度也有显著影响。地方政府的财政赤字率越高，则财政压力越大。为了进行城市基础设施建设，地方政府不得不寻找其他的渠道获得建设资金，而土地作为地方政府最优质的资源，所以就推升了地方政府对土地财政的依赖程度。

（三） 地价方程回归结果分析

$$landprice_{it} = -4.3713 + 0.4391 \times lfdep_{it} + 1.5128 \times houseprice_{it} +$$
$$0.3255 \times infrastructure_{it} \tag{6}$$

根据回归结果，得到土地方程模型的表达式，如式（6）所示。由回归结果可知，内生变量房价和土地财政依赖度对地价有显著正向的影响作用。房价对于地价的影响主要是通过需求端的不断调节实现的。当房地产市场繁荣时，房地产市场供不应求，房价被推高，房地产开发商抓住有利时机在土地市场上大量买地，从而生产住房这种商品以满足消费者对住房商品的需求，最终导致土地市场上土地供不应求，抬高土地价格。

从地方政府的视角看，地方政府作为土地资源的垄断供应商，在财政压力大的情况下必然希望能获得更多的土地出让金，因此存在着许多恶意抬高土地出让价格，或者是政企合谋高估土地价格的现象。地方政府对于土地财政的依赖程度越深，对地价的推高作用也就会更加明显。

（四）房价方程回归结果分析

$$houseprice_{it} = 3.1032 + 0.7416 \times lfdep_{it} + 0.4453 \times landprice_{it} + 0.3719 \times dispincome_{it} + 0.0413 \times population_{it} \tag{7}$$

根据回归结果整理得到房价方程回归模型，模型如式（7）所示。由模型可知，地方政府对土地财政的依赖程度、地价、人均可支配收入和人口数量对于房价都具有显著的正向影响作用。地方政府对土地财政的依赖程度越强，越希望获得更多的土地出让金，因此具有更强的内在动力推高地价。地价不断升高，导致房地产开发成本也不断提高，而房地产开发商将这部分成本转嫁到了消费者手中，并且在不断提高的房价中体现出来。

随着城镇居民可支配收入的不断提高，人们对住房的投机性需求也随之增加。目前，人们对房地产市场预期普遍向好，因此大多数居民愿意将房子作为投资标的物。大量的投机性需求涌入房地产市场，使得房价不断升高。同时，人口的聚集往往会带动一个城市房地产市场的发展，人口不断增加，必然会导致住房需求增加，进而增加房地产市场需求，推高房价。

（五）区域系统性金融风险方程回归结果分析

$$rfrisk_{it} = 20.3694 + 1.5096 \times landprice_{it} + 3.7423 \times houseprice_{it} +$$

$$0.8741 \times gdprate_{it} \tag{8}$$

根据回归结果整理得到金融风险方程表达式，如式（8）所示。从表达式可知，土地价格和房价对金融风险具有显著的正向影响作用。当地方政府对于土地财政具有较强的依赖时，会助推地价和房价上涨。在如此高水平的地价和房价下，对土地需求较大的房地产开发商和对住房需求较大的消费者无力负担高昂的地价和房价，会大量从金融机构获得贷款。但是这些借贷主体自身的还债能力较差，主要依靠土地或者房屋抵押获得信用，一旦地价和房价产生较大的波动，将会增加商业银行的不良贷款率，酝酿金融风险，不及时防范还可能引发系统性金融风险。外生变量 *gdprate* 即经济增长率对金融风险也有显著的正向影响。目前，我国经济增长的实现方式主要靠银行信贷增加使得投资增加。经济增长水平越高，信贷规模就越大，信贷总额的提升将会酝酿更多的不良贷款风险。

六　结论和政策建议

（一）结论

本文利用 2007—2016 年全国 30 个省份的面板数据，构建了面板数据联立方程模型，对土地财政、地价、房价和金融风险之间的关系进行了实证分析，并且把地方政府部门、金融机构、房地产市场和土地市场纳入一个统一的框架之中，避免了以往局部研究会出现的片面性问题，使得结果更加可靠。研究发现，随着地方政府对土地财政的依赖程度加大，地方政府缓解财政压力的同时助推了地价和房价的上涨，且土地财政对地价和房价具有显著的正向影响。另外，地价和房价高企也会促使地方政府对土地财政依赖度的上升，且实证结果表明地价和房价二者显著正向地影响着地方政府对土地财政的依赖度。研究结果还表明地价和房价对金融风险也具有正向显著的影响，从而土地财政的金融风险传导机制成立。

显然，土地财政会通过地价和房价两条途径间接地传导金融风险，若不及时发现已经生成的金融风险，任由金融风险蔓延和积累，极易引发系统性金融风险，爆发金融危机。根据本文的研究重点和得到的实证分析结果，可从三个角度探讨防范金融风险的相关对策，即从改变土地财政现状、阻断土地财政通过地价传导金融风险的机制、阻断土地财政通过房价传导金融风险的机制三个角度提出针对性的建议。

（二）政策建议

1. 改变土地财政现状，深化财政体制改革

要想从根本上解决问题，就要进一步深化财政体制改革。可以从两方面着手，一是要对中央与地方的财政关系进行协调，逐步优化财权结构。清晰的责权划分是深化财政体制改革的起点，是合理进行财政划分的重要保障。因此，需要逐步完善地方政府的治理结构，梳理各级政府职能，合理界定各级政府的责权。重新调整中央和地方的税收分享税种和比例，从而增强地方财政实力。二是要完善转移支付制度，充分考虑地区间经济发展水平、资源状况等因素的差异与差距，改变地方政府财政收支不平衡的局面，确保政府事权在财权的支持下正常运行，促进地方基本公共服务的均衡发展。

2. 阻断土地财政通过地价传导金融风险的机制

土地价格飙升，促使土地开发商产生囤地行为，因为开发商囤地带来的囤地成本远低于预期的土地增值收益。因此，大量土地开发商向银行借款，疯狂拿地，待价而沽。土地长期闲置，一旦土地价格产生波动而大量下降时，银行资金将会被套牢，诱发金融业震荡，导致金融风险。为有效防范金融风险，必须遏制土地开发商的囤地行为。具体措施有以下两点：一是要完善土地相关法律，明确界定各种土地违法行为，针对囤地制定详细的处罚准则和处罚流程。二是要加重囤地过程中的税

负，增加开发商的囤地成本。逐步推进不动产税的落实，完善土地增值税的相关制度，能够改变房地产企业对于囤地利润的预期，从而抑制开发商对土地的投机性需求。

3. 阻断土地财政通过房价传导金融风险的机制

多年来，我国房地产企业的资金供给来源单一，房地产开发商的资金大多直接或间接来源于商业银行信贷。地价的不断上升，促使房地产开发商向商业银行谋求更多的信贷资金，以不断发展业务，壮大自己的规模。当房地产企业名义贷款规模小，但是实际贷款规模已经很大时，较大信贷风险就已经在酝酿产生了。因此，加强房地产开发商的信贷管理工作是防范金融风险重要的一步。

Abstract：Land finance is a unique product in the process of China's economic development. It has made a lot of contributions in promoting the process of local urbanization and improving the construction of infrastructure. However, with the increasing reliance of local governments on land finance, the rise of housing prices and land prices has been boosted, and at the same time, great financial risks have gradually emerged. In this paper, the panel data of 30 provinces in China from 2007 to 2016 were used to construct the simultaneous equation model of panel data, and the relationship of interdependence and mutual influence among land finance, land price, housing price and financial risk was empirally tested. It is found that with the increasing dependence of local governments on land finance, local governments relieve the financial pressure and boost the rise of land price and housing price, and land finance has a significant positive impact on land price and housing price. In addition, high land price and housing price will also promote the increase of local government's dependence on land finance, and empirical results show that both land price and housing price have a significant positive impact on local government's dependence on land finance. Finally, combined with the results of qualitative analysis and empirical analysis, this paper puts forward some suggestions to prevent the financial risks of land finance from three perspectives: changing the status quo of land finance, blocking the mechanism of land finance transmitting financial risks through land price, and blocking the mechanism of land finance transmitting financial risks through housing price.

Key Words: Land Transaction Fees; Non-tax Income; House Price; Land price; Financial Risks; Land Finance

注释体例

本刊采用脚注（页下注），用①，②，③……标识，每页单独排序。具体注释的标识格式示例如下。

一 中文注释

1. 著作

标注顺序：责任者与责任方式/书名/卷册/出版者、出版时间、版次（初版除外）/页码。责任方式为著时，"著"字可省略，其他责任方式不可省略（下同，不再标注）。

示例：

余东华：《论智慧》，中国社会科学出版社2005年版，第35页。

2. 译著

标注顺序：责任者国别、责任者与责任方式/书名/其他责任者与责任方式/出版者、出版时间、版次（初版除外）/页码。

示例：

［美］弗朗西斯·福山：《历史的终结及最后之人》，黄胜强等译，中国社会科学出版社2003年版，第7页。

3. 期刊、报纸

期刊标注顺序：责任者/所引文章名/所载期刊名、年期（或卷期、出版年月）。

示例：

袁连生：《我国义务教育财政不公平探讨》，《教育与经济》2001
年第 4 期。

报纸标注顺序：责任者/所引文章名/所载报纸名称/出版年、月、
日及版别。

示例：

杨侠：《品牌房企两极分化中小企业"危""机"并存》，《参考消
息》2009 年 4 月 3 日第 8 版。

4. 论文

学位论文、会议论文等，标注顺序：责任者/文献题名/论文性质/
地点或学校/文献形成时间。

示例：

赵可：《市政改革与城市发展》，博士学位论文，四川大学，
2000 年。

任东来：《对国际体制和国际制度的理解和翻译》，全球化与亚太
区域化国际研讨会论文，天津，2006 年 6 月。

二　外文注释（以英文为例）

1. 著作

标注顺序：责任者与责任方式/书名/出版地/出版者/出版时间/页
码。书名用斜体，其他内容用正体；出版地后用英文冒号，其余各标注
项目之间用英文逗号隔开（下同）。

示例：

Seymou Matin Lipset and Cay Maks, *It Didn't Happen Hee: Why Social-
ism Failed in the United States*, New York: W. W. Norton & Company,
2000, p. 266.

2. 译著

标注顺序：责任者与责任方式/书名/译者/出版地/出版者/出版时间/页码。书名用斜体，其他内容用正体；出版地后用英文冒号，其余各标注项目之间用英文逗号隔开。

示例：

Homer, *The Odyssey*, trans. Robert Fagles, New York：Viking, 1996, p. 22.

3. 期刊、报纸

期刊标注顺序：责任者与责任方式/析出文献题名/所载书名或期刊名及卷册/出版时间/页码。析出文献题名用英文引号标示，不用斜体，期刊名或书名用斜体，其他内容用正体。

示例：

Christophe Roux-Dufort, "Is Crisis Management（Only）a Management of Exceptions？", *Journal of Contingencies and Crisis Management*, Vol. 15, No. 2, June 2000, p. 32.

报纸标注顺序：责任者与责任方式/报纸中的文章名/报纸名/出版时间/版次；文章名用双引号引上，报纸名用斜体。

示例：

Clayton Jones, "Japanese Link Increased Acid Rain to Distant Coal Plants in China", *The Christian Science Monitor*, November 6, 1992, p. 4.

4. 论文

学位论文标注顺序：责任者与责任方式/论文题目/论文性质/地点或学校/论文形成时间。

示例：

Steven Flank, Reconstructing Rockets：The Politics of Developing Military Technologies in Brazil, Indian and Israel, Ph. D. dissertation, MIT, 1993.

三 电子文献与互联网资料注释

电子文献与互联网注释格式参照上述中英文注释的基本规范，网络资料需要标明网址。

云南大学

政府非税收入研究院

2022 年 1 月 1 日

《政府非税收入研究》
征稿启事

　　《政府非税收入研究》是由云南大学政府非税收入研究院创办的学术出版物。创刊的宗旨是探讨政治经济学视野下的政府非税收入理论与实践，倡导从历史传承、人民立场、时代课题、国际视野等维度研究政府非税收入问题，促进政府非税收入研究在经济学、管理学、政治学、法学等学科群的交流与整合，服务国家治理体系和治理能力现代化。

　　《政府非税收入研究》面向国内外公开发行，重点刊发政府非税收入理论与实践经验、税收与非税收入的关系、财税体制改革与非税收入征管、政府非税收入管理法制化、政府非税收入与公共治理等领域的优秀学术成果，鼓励思想创新和学术争鸣，提倡研究方法的多元性。

　　来稿应为未公开的学术论文，并须注重原创性和规范性。来稿正文字数一般以 1.5 万—2.5 万字（不包括注释）为宜。来稿需提交 400 字左右的内容提要、3—5 个关键词（以及对应的英文内容提要和关键词），并提供作者简介及联系方式。

　　《政府非税收入研究》在编辑过程中严格按照"三审三校"的流程，确保发文质量。收稿后会在两个月内通知审稿结果，在此期间请勿一稿多投，稿件一经采用，即付稿酬，并赠送样刊两本。

　　本刊接受电子投稿，投稿邮箱为 feishuiyanjiu@ ynu. edu. cn。

《政府非税收入研究》编辑部

2022 年 1 月 1 日